Gerd Engel

Weiße Nächte –
Schwarzes Meer

*Auf russischen Wasserstraßen
von St. Petersburg bis Jalta*

Ullstein

maritim
Ullstein Buch Nr. 23618
im Verlag Ullstein GmbH,
Frankfurt/M – Berlin

Originalausgabe

Umschlaggestaltung:
Hansbernd Lindemann
Umschlagfoto:
Gerd Engel
Fotos im Innenteil:
Gerd Engel
Europakarte:
Wolfgang Schedler
Alle Rechte vorbehalten
© 1995 by Verlag Ullstein GmbH,
Frankfurt/M – Berlin
Printed in Germany 1995
Gesamtherstellung:
Ebner Ulm
ISBN 3 548 23618 9

Juni 1995
Gedruckt auf alterungs-
beständigem Papier mit
chlorfrei gebleichtem Zellstoff

Vom selben Autor
in der Reihe
der Ullstein Bücher:

Florida-Transfer (22015)
Münchhausen im Ölzeug (22138)
Einmal Nordsee linksherum (22286)
Sieben-Meere-Garn (22524)
Im Eis des Nordens (23507)

Die Deutsche Bibliothek –
CIP-Einheitsaufnahme

Engel, Gerd:
Weisse Nächte – schwarzes Meer : auf
russischen Wasserstrassen von St.
Petersburg bis Jalta / Gerd Engel. –
Orig.-Ausg. – Frankfurt/M ; Berlin :
Ullstein, 1995
   (Ullstein-Buch ; Nr. 23618 :
   Maritim)
   ISBN 3-548-23618-9
NE: GT

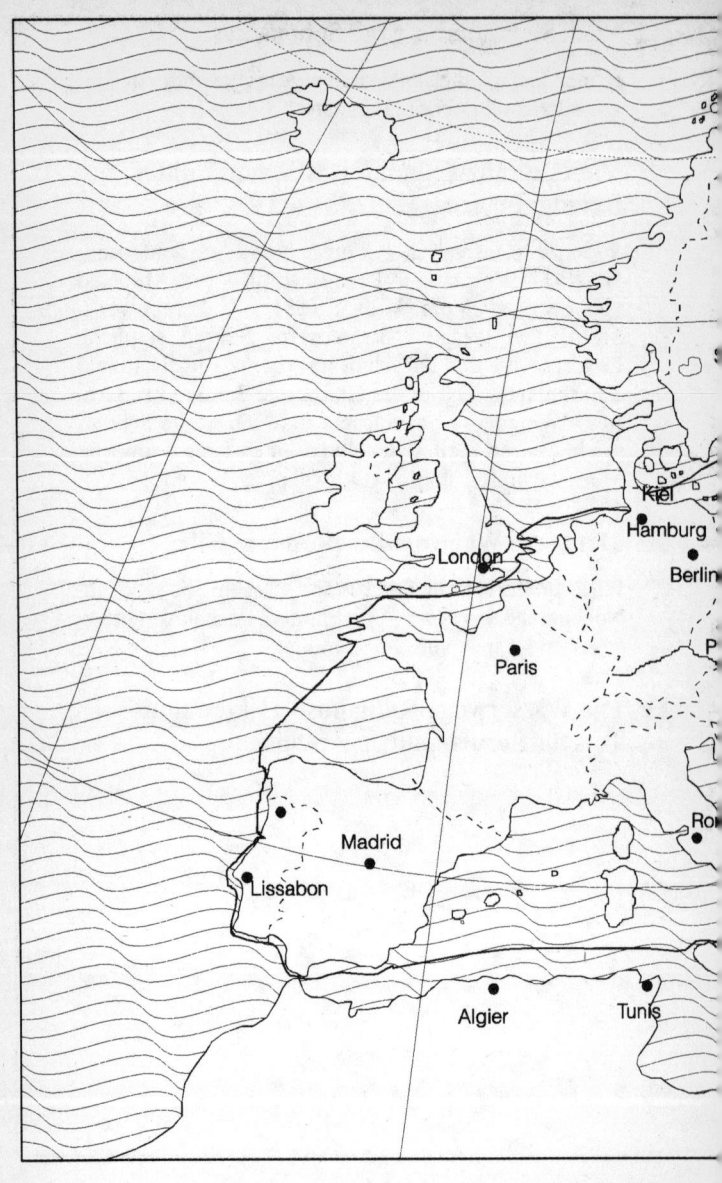

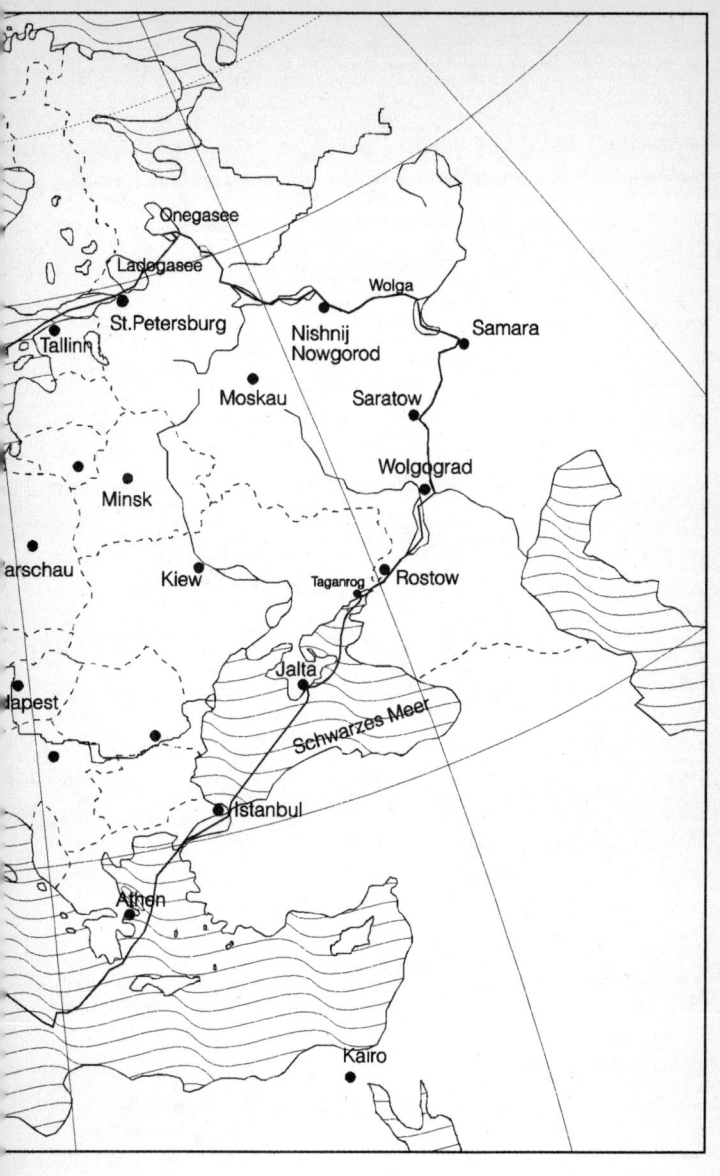

I Nach St. Petersburg mit Schmackes

In der Kanalschleuse von Brunsbüttel liegt ein alter Russe mit Zielhafen Brest. Lang und flach ist der Rumpf des kleinen Frachters und rostig die einstmals schwarze Bordwand. Nur die altmodischen Aufbauten mit ihren winzigen Fenstern ragen über die Mittelmauer der Schleuse. Wirkt *Nefteruodovos 47* nicht ein wenig, als müsse er sich verkriechen neben den hochmodernen Containerjagern, der schnellen Ro-Ro-Fähre und den großen Segelyachten, die mit ihm auf die Elbe wollen? Während ich über die schmale Leiter an Bord balanciere, finde ich's eigentlich logisch, daß während der ersten Reise nach meinem Urlaub ein russisches Fluß-See-Schiff auf meine Bört fällt, wie wir Lotsen unseren Einsatz nennen. Während der letzten Wochen auf meinem Törn über die russischen Wasserstraßen sind mir die Baltiskis, Ladogas und wie die Typen alle heißen, schließlich zu Aberhunderten begegnet. Ein alter Bekannter ist also auch dieser *Nefteruodovos*, und da versteht sich angeregte Unterhaltung mit seiner freundlichen Besatzung wie von selbst.

Auslaufen, nachdem die Motoren mit schwarzem Qualm und einem Knall anspringen, der um den Schornstein fürchten läßt. Als der Steven in Richtung Cuxhaven zeigt und die volle Ebbe uns fast schneller schiebt als das betagte Röcheleisen von Maschine, schnacken wir von düt und dat. Der Steuermann stammt aus Petersburg und der Rudergänger Anton aus Samara. »Samara?« Ich wiederhole den Namen fragend und bitte um ein Stück Papier. So wie ein Zauberkünstler seine Requisiten zu Beginn der Vorstellung dem Publikum zeigt, so drehe auch ich das weiße Blatt unter der niedrigen Decke des Ruderhauses demonstrativ vor den Augen der Russen. Am kleinen Tisch vorm Fenster zeichne ich dann aus dem Gedächtnis einen Stadtplan von Samara mit der vorbeifließenden Wolga und dem Yachtclub am gegenüberliegenden Ufer, zu dem die Fähre verkehrt. Die Mündung des kleinen Flusses male ich auf, vergesse den Motorboothafen und die Feuerlöschboote nicht, zeichne die Brücke und die Gleise des Verschiebebahnhofs.

Entgeisterte Verblüffung beim Publikum. Ein Film läuft ab auf dem offenen Gesicht des guten Anton. Mein Stadtplan haut den Burschen um. Ein deutscher Lotse und von Samara jedes Detail! Ist dieser Pilot ein Spion? Vielleicht der Mann, der die Raketen programmiert? Ein Marineoffizier, der den Angriff und die Einnahme im Sandkasten übte? Es ist deutlich zu sehen, was in den Köpfen der jungen Russen abläuft, bis ihnen endlich ein Kronleuchter aufgeht. Da fragen die Männer, ob ich als Tourist auf der Wolga? Und mit welchem Schiff ich gereist bin? *Clown*. Das Schiff hieß *Clown*, sage ich wahrheitsgemäß und erzähle nicht, daß wir unseren Katamaran *Sposmoker* zum russischen *Clown* verwandeln mußten, um auf der Wolga verkehren zu dürfen.

Es sind noch zu viele alte Vorurteile in den Gehirnen hüben und drüben. Jahrzehnte der Konfrontation haben Spuren hinterlassen, Narben verursacht. Wir im »goldenen Westen« flogen als Massentouristen in den Süden und konnten uns vom »Reich des Bösen« kein eigenes Bild machen. Und so reist deshalb neben Proviant und Ausrüstung eine ganze Ladung von Klischees, Vorurteilen und falschen Vorstellungen mit uns an Bord des *Sposmoker*, als wir zu dritt von Kiel in See stechen, um

10

Europa zu umrunden. Alle drei sind wir sechzig und älter, haben den Zweiten Weltkrieg lebhaft in Erinnerung. Auch der anschließende kalte Krieg ist aus unserem Leben nicht wegzudenken. So wird die Reise nach Rußland von der Ostsee bis ins Schwarze Meer auch eine Fahrt in die Vergangenheit.

Vor etwa fünfzehn Jahren tauchten die russischen Fluß-See-Schiffe erstmals auf in den westlichen Revieren und machten mich neugierig. In unseren Medien galt damals das geheimnisvolle Rußland als von roten Teufeln besiedelt; doch im Gegensatz dazu erschienen mir die Kapitäne und Steuerleute, die ich traf, gastfreundlich und warmherzig. Mochten die Landratten beim Anblick von Hammer und Sichel an KGB und Spione denken, ich fand die Leute aufgeschlossen für manch netten Talk. So hörte ich von ihren phantastischen Reisen bis ins Kaspische und Asowsche Meer, von Rotterdam oder Hamburg nach Persien und in die Türkei. Lebendig noch die Szene, da ich von so einem auslaufenden Dampfer in die Messe des Lotsenschiffes kam. Einem Kollegen, der auch segelte, erzählte ich voller Begeisterung von einer möglichen Schiffsreise im nächsten Sommer nach Moskau, nach Gorki und Wolgograd.

»Und wovon sollen wir leben?«

Irritiert sah ich den Kameraden an.

»Du bist doch Jäger. Nimm dein Gewehr mit, wir schießen uns Hühner vom Deich.«

Wie typisch die spontane Reaktion meines Freundes! Daß die Russen nichts zu beißen haben, das wußte hier doch jedes Kind.

Einige Kapitäne kramten die Karten heraus und zeigten mir ihre Heimat am Don, am Swir oder an einem der vielen Seen entlang der Route. Die Idee zu meiner

11

Reise war geboren, und in der diplomatischen Vertretung Rußlands war man empfänglich für den Plan, ihre Leute auf eigenem Kiel zu besuchen. Einen Dämpfer bekam ich dennoch sofort.

»Der Verkehr auf den innerrussischen Wasserstraßen ist Schiffen unter ausländischer Flagge nicht gestattet!«

Ich begann Briefe zu schreiben: an das Außenministerium und das Handelsministerium, den Journalistenverband und das russische Fernsehen. In Bonn »klarkte« ich bei Kohl und Genscher. Hartnäckig verfolgte ich meinen Plan durch die ganze Breschnew-Ära, wurde beflügelt, als erste Anzeichen der Öffnung zum Westen hoffen ließen, wurde immer aufs neue enttäuscht, wenn manchmal im letzten Moment sogar per Telex das »Njet« bekräftigt wurde.

»Auf den innerrussischen Wasserwegen ist der Verkehr für Fahrzeuge unter ausländischer Flagge nicht erlaubt!«

Aber ich baute Kontakte auf und entwickelte gute Verbindungen zu maßgeblichen Leuten. Besuch aus Rußland hatte ich im Hause. Ein Draht zum zuständigen Minister und Fürsprache durch seinen Abteilungsleiter ließen mich auf eine einmalige Sondergenehmigung hoffen. Am Ende wurde durch die guten Beziehungen der zweitbeste Weg möglich, denn ihre Begründung für die Ablehnung ließ auch den Umkehrschluß zu: ». . . ist Fahrzeugen unter russischer Flagge erlaubt.«

Als russische Yacht müßte es gehen!

Leinen los!

Der 30. Mai 1994 ist ein warmer, sonniger Montag. Man segelt vereinzelt auf der Kieler Förde, die am Wochenende voller Yachten war. Wir fahren Ausrüstung heran und Proviant für viele Wochen, glauben wir doch zu wissen, daß es in Rußland nichts zu kaufen gibt. Der sonst so leichtfüßige Kat ist richtig vollgebaggert und bewegt sich geradezu schwerfällig, wenn ganz selten mal der Schwell einer großen Fähre das Wasser vom Yachthafen Stickenhörn in Wallung bringt. Mineralwasser und Säfte, Bier und Alkoholika, Konservengerichte für fünf Personen und jede Menge Müsli verstauen wir. Dies alles ist für sechs Wochen berechnet; erst dann, so meinen wir, können wir in Istanbul wieder einkaufen. Schokoriegel schütten wir in die Ritzen, und keiner von uns ahnt, daß all diese Konsumgüter in Rußland viel billiger zu haben sind. Ein Berg von Toilettenpapier und Küchenrollen muß auch noch mit und ärgert mich am meisten. Lange lasse ich mich schimpfend aus über die Kapitalisten, Überfluß, Wohlstand und Ansprüche, und was unsere Eltern wohl gemacht haben. Welche Priorität mögen die großen Entdecker bis zu Scott und meinem Leitbild Amundsen gesetzt haben?

Mein Mitsegler Rudolf Klein, pensionierter Kapitän der Hamburg-Amerika-Linie und auf vielen Reisen als guter Macker getestet, wohnt schon als Wache an Bord, als meine Frau Renate und ich eintreffen. Wir fürchteten die Einbrecher Deutschlands, während alle Freunde und Bekannten von Mafia und Kriminalität in Rußland erzählten. Das Gewehr sollten wir mitnehmen und Leibwächter anheuern! Keine Zeit an diesem Morgen für lange Grübeleien! Ein Tag voller Arbeit und pausenloser Inanspruchnahme beginnt. Meine Frau und ich sind nach der letzten Nacht zu Hause in Oldendorf bei Itzehoe früh aufgebrochen und werden beim Eintreffen sofort gebraucht. Der Außenborder muß angebaut werden, den mir die Firma Marx Marin aus Hamburg zur Verfügung stellt. Ein eigens konstruiertes Gestell haben wir gemeinsam ausgedacht, und die Firma Schulz, die seit Jahren meine Motoren wartet, steht schon bereit. Wenn jetzt etwas nicht paßt, wenn noch Veränderungen nötig werden, wird's problematisch, denn schon hier stehen wir unter Zeitdruck. Freude kommt auf, als die Probefahrt mit dem dicken Diesel sofort überzeugt. *Sposmoker* hat für den Normalfall zwei schwache Einbaumaschinen, die nur zum Ein- und Auslaufen, für Hafenmanöver und für etwa sechs Knoten gut sind. Solch starken Gegenstrom erwarte ich schon auf der Newa, und deshalb soll der Yanmar für zusätzlichen Schub sorgen. Eine Runde auf der Förde. Mit insgesamt drei Maschinen bringen wir die Kiste auf elf Knoten und können acht als Marschfahrt leicht halten. Newa! Wir kommen!

Ein wenig Pressearbeit schließt sich an, die Reise soll schließlich auch vermarktet werden. Dann kommt der bordeigene Kran, den mir die Firma Reckmann aus Rellingen nach meinen Wünschen und Zeichnungen gebaut hat. Mit dem Gerät aus Mastprofilen wollen wir das Rigg legen und stellen, um auf den langen Strecken ohne Brücken segeln zu können. Nach der ersten Probe mußte etwas geringfügig verändert werden, doch nun verzurren wir die langen Alurohre an Deck, und im Verein mit dem Außenborder drücken sie den Kat noch ein paar zusätzliche Zentimeter tiefer in die Förde. Aber wat mutt, dat mutt! Die Route nach Rußland ist schließlich kein Urlaubstörn nach Bornholm; unabhängig von fremder Hilfe müssen wir sein.

In einer ruhigen Minute zwischen all der Hektik erin-

nere ich mich an die mühsame Lernerei, bis ich Brük-
ken, Strom und Schleusen im Kopf abgespeichert hatte.
Viele Male habe ich die Karten gesehen, die die Russen
benutzen, Atlanten, die den schwedischen Bootssport-
karten vergleichbar sind. Man durchblättert Seekarten-
ausschnitte, die viele zusätzliche Informationen über
Häfen, Brücken und Reeden enthalten und ohne die
solch ein Törn schnell auf einer Sandbank oder vor einer
Hochspannungsleitung enden müßte. Über zehn Jahre
Infos gesammelt! »Mensch, kneif mich mal!«

Wir wollen tatsächlich durch Rußland, und ich bin
selbst erstaunt, was aus einer Idee wird, wenn man sie
bloß lange genug verfolgt.

Die Realität an Deck beendet das kurze Grübeln.
Renate möchte noch mal zum Einkaufen, weil ihr etliche Dinge eingefallen sind, die schon wieder einen
Zettel füllen, aber ich setze mich durch: Jetzt ist endgültig Schluß! Wie sieht denn der *Sposmoker* auch aus!
Viel zu weit im Wasser liegt das Boot mit all der Ladung und ist auch von außen schon als Abenteurer-
schiff zu erkennen. Wer auf diesem Steg entlang-
kommt, der begreift auf den ersten Blick, daß wir
etwas Außergewöhnliches im Schilde führen. Die netten Segler hinter uns und der Hafenmeister stellen
neugierige Fragen und wollen das Ziel wissen. Wir
aber halten uns bedeckt, weil unsere Reise nicht zu
früh bekannt werden soll.

Nachmittags kommen ein paar Freunde und Verwandte und bringen kleine Geschenke, wie es üblich ist
vor solch einer Abfahrt. Hoffentlich ist nichts Schwe-
res dabei. Am Ende will ich nur noch fort, ehe wir im
Hafen versinken. Wir sollen unbedingt wiederkommen! Galgenhumor diktiert die Sprüche von Sibirien,
Verbannung und Bergwerk.

»Russische Gefängnisse sind überhaupt nicht luxuriös. Wir holen dich raus!«

Siebzehn Uhr Leinen los. Der Satz stand insgeheim auf dem Programm dieses Tages, haben Klein und ich doch schon in der Berufsschiffahrt mit Passagieren gelernt, daß auch große Dampfer pünktlich auf die Minute sein können.

»Let's go! Los vorn und achtern!«

Nur scheinbar gelassen gebe ich die Kommandos, um dann mit halber Fahrt in den Gassen zwischen den Boxen entlangzusteuern. Gleich vor der Einfahrt setzen wir die Segel: Die Presse braucht noch ein paar Fotos. Noch mal ganz dicht unters Ufer gesegelt und zum Abschluß »drei lang« getutet. Ich bin sicher, daß jetzt an Land geweint wird, wie seit altersher, wenn ein Schiff auf eine lange Reise geht. Ab dafür! Mit satten zehn Knoten springt der Kat an, als ich die Schoten dichthole. Es ist fast nicht zu glauben, wie dieses wunderbare Schiff trotz Ladung läuft.

Etliche andere Yachten kommen uns auf der Förde entgegen, haben ihre Steven auf Friedrichsort gerichtet, weil es Abend wird. Ein Oldtimer mit braunen Segeln und langem Klüverbaum nimmt Schilksee voraus, weil der Schipper vermutlich für die Nacht dicht unter Land vor Anker gehen will. Auf solch einem Dreimastschoner ist Rudolf Klein 1943 zu seiner ersten Reise ausgelaufen, um vor dem Mast das Handwerk zu erlernen. *Uwe-Ursula* hieß das erste Schiff meines Freundes und gleicht diesem Segler westlich von uns aufs Haar. Jedes Detail des Riggs studiert Klein, kommentiert den Stand der braunen Tücher am dicken Holzmast und wird gegen seine Natur ganz aufgeregt bei der Erinnerung an seine frühen Jahre. Und ich denke an das Kümo, auf dessen Deck mir die Seebeine wuchsen. Im Logis unter der Back hausten wir Jungs, mußten wühlen Tag und Nacht, wurden schlecht gefüttert und kaum bezahlt.

»Auf der See, da ist nichts los, da ist die Arbeit riesengroß, da ist die Heuer klitzeklein, da mag der Teufel Seemann sein.« So miesmacherisch redeten damals die Leute an Land, und wir »Decksaffen« träumten davon, schnell Kapitän zu werden.

Laboe mit dem Marineehrenmal wischt an Steuerbord vorbei, eine große einlaufende Fähre verdeckt den alten Segler im Westen für Sekunden.

»Wie jung wir damals schon für voll genommen wurden!«

Klein sagt den Satz nachdenklich und erzählt, wie er gegen Ende des Krieges in kleinen dänischen Häfen nachts Deckwache ging. Damals gab es bei unseren nördlichen Nachbarn aktiven Widerstand. Und so lag man zusammen mit zwangsweise dienstverpflichteten holländischen Küstenschiffen, deren Besatzung jede Gelegenheit nutzten, um den deutschen Nachschub zu stören. Zu allem entschlossene Partisanen auf der Gegenseite, doch der Bub aus dem Bayrischen Wald lief unbewaffnet die ganze Nacht an Deck herum, auf daß die *Uwe-Ursula* nicht in die Luft gesprengt würde. Gegen Ende des Krieges versorgte der Schoner dann die deutschen Landser im Oslo-Fjord auf ihren diversen Klippen. Und wenn der Alte in Urlaub fuhr, dann schipperte der Junge ganz alleine und verteilte Munition, Butter in Fässern und Kommißbrote und hatte ein paar Soldaten an Bord zum Schutze der Ladung.

Um achtzehn Uhr jagen wir an Kiel-Leuchtturm vorbei. Auf dieser Position lag früher ein Feuerschiff, und spätestens, wenn wir dieses Seezeichen passiert hatten, wurde mein Schipper schrecklich müde, wofür die lange Passage durch den Kiel-Kanal nur einer der Gründe war. Anstrengender noch als die Kanalfahrt wirkten sich gewiß die Treffen mit anderen Kümo-Schippern beim Schiffshändler oder an der Bunkerstation aus. In solcher Runde wurde gelogen, daß sich die Balken bogen, und schrecklich einer zur Brust genommen. Ich sehe es richtig vor mir: den dichten Tabaksqualm, die lauten Stimmen der Angeber mit ihren wilden Stories. Das große hölzerne Rad sehe ich wieder, hinter dem das Steuern schweißtreibende Schwerarbeit war. Spätestens bei Kiel-Feuerschiff lag der Alte dann hinter mir auf dem Kartentisch und schnarchte so laut, daß die Schotten vibrierten.

»Wenn was los ist, sagst du mir sofort Bescheid.« Eine letzte Anweisung für gewöhnlich, bevor der riesige Kerl sich zusammenrollte wie eine Katze. Und wenn wirklich etwas los war, betete ich, daß der Mann um Gottes willen nicht aufwachen möge.

Manche Beinahekollision wurde damals nur mit Glück vermieden. Einmal hätte ich fast einen schwedischen Segler versenkt, weil ich Ausweichregeln nur bruchstückhaft kannte. Und wo *Sposmoker* jetzt entlangdüst, wäre es um ein Haar zur Katastrophe gekommen. Zu jener Zeit lagen in der westlichen Ostsee noch viele Wracks. In einer Vollmondnacht geriet ich auf die falsche Seite der Tonne, stand plötzlich zwischen den kleinen unbeleuchteten Markierungsbojen der Berger. Sogar Drähte zu dem versunkenen Kasten unter mir meinte ich im silbernen Mondlicht zu erkennen. Voller Angst riß ich an den großen Spaken des Ruderrads, denn jeden Moment konnte unser Boden gegen das stählerne Hindernis knallen. In der Kurve legte sich mein kleines Schiff ordentlich auf die Seite, und hinter mir veränderte der Schnarcher auf dem Tisch seine Frequenz.

»Wenn wat los is, seggst du mi Bescheed!«

Den Teufel würde ich tun! Und hätte ich das Wrack getroffen, so wäre ich wohl aus Angst vor Prügel über Bord gesprungen.

Glückspilze haben Schiebewind!

Ost acht wäre denkbar, ist statistisch sogar wahrscheinlich für diese Jahreszeit. Tagelanges Kreuzen und schlimmes Gegenanbolzen haben wir in dieser Gegend öfter genossen. Aber als wären die Götter mit uns, jagen wir vor West sechs gen Fehmarn. Der Kat zischt aufrecht wie auf Schienen gen Osten, daß es eine Freude ist. Sogar große Dampfer überhole ich, und eine ganze Zeitlang hat eine Fähre Mühe, an uns vorbeizukommen. Renate geht nach dem anstrengenden Abschiedstag früh zu Bett und liegt in der bequemen Eignerkoje trotz der rauschenden Fahrt fast wie im eigenen Bett. Klein schläft vor für seine Wache von null bis vier. Ich genieße das Rauschen an den Hecks des *Sposmoker*, mache einer Fähre Platz zwischen Puttgarden und Rödbyhavn und gehe zur Koje um Mitternacht, als Klein auf Wache kommt. Wir sprechen über den Lichtschein am Himmel im Süden. Dort müssen Warnemünde und Rostock liegen, und ein wenig schwächer ist Wismar zur Rechten zu sehen.

In Wismar hätte ich fast einmal einen Mann getötet. Wir luden Sackgut, und solche Ladungen wurden 1951 selbstverständlich noch von Hand im Schiff verstaut. Ein kleiner Deutz-Diesel an Deck und ein einziger Ladebaum waren das ganze Geschirr. Mit Geien aus Manilatauwerk wurde Hieve um Hieve in die Luke geschwungen, wo die Mecklenburger Schauerleute emsig

19

wirkten. Weltweit hatte damals ein jeder Stauer seinen Schauermannshaken dabei, das Werkzeug für alle Gelegenheiten schlechthin. Und weil sie die Säcke nicht beschädigen durften, trugen die Männer die Haken hinten in den Gürtel geschoben. Solide breite Riemen mit einem Koppelschloß, auf dem man das Hakenkreuz des Führers weggefeilt hatte. Ich bediente den Diesel, hob die Hieven langsam vom Kai und senkte die schwere Last vorsichtig in die Luke. Den leeren Haken bewegte ich mit Vollgas, feuerte die Männer an den Geien zuweilen noch laut schreiend an dabei. Eine Frage der Zeit war's, wann ich einen Arbeiter angeln würde. Man hätte mich stoppen sollen in meinem Übermut.

Aber das Unglück nahm seinen Lauf. Die Schlinge bekam den Schauermannshaken eines gebückt arbeitenden Mannes zu fassen, und die mit hohen Touren arbeitende Winsch riß ihn wie einen Fang in die Höhe. Meine Schrecksekunde dauerte lange, und das Getriebe schaltete langsam. Am Ende hing der Mann fast ganz oben wie ein Frosch, und wenn ich später an die Situation dachte, wunderte ich mich jedesmal, daß weder er noch seine Kameraden im Raum irgend etwas gerufen oder geschrien hatten. Inständig hoffte ich jetzt, daß der Gürtel halten möge. Ein Sturz des Arbeiters aus dieser Höhe, und meine Karriere hätte wohl in Bautzen geendet. Ganz sachte fierte ich den armen Kerl zurück in die Luke und verstand nicht, daß die Arbeit sofort weiterging, als wäre nichts geschehen.

Keine Meile in dieser Gegend, die nicht mit Erinnerungen gepflastert wäre. Ehe mein Macker ins Erzählen kommt, übergebe ich die Wache. Der Tag war lang zwischen Oldendorf bei Itzehoe und Gedser auf der Insel Falster, an deren Ostküste Klein jetzt in Richtung Mön jagt. Als Renate vor dem Frühstück kurz an Deck schaut, sind die berühmten Kreidefelsen schon rötlich angestrahlt achteraus. Bis hierhin bummelten wir auf Urlaubsreisen zuweilen eine ganze Woche, genossen den Guldborgsund und das Smålandsfahrwasser. Dort auf Mön pflückten wir Beeren im Sommer, suchten am Strand nach Versteinerungen und trugen hübsche Muscheln mit nach Hause. Einmal standen wir auf der halben Höhe der steilen weißen Wand, als ein Kampfflugzeug von Osten kam. So dicht auf die See gedrückt flog die Maschine, daß ich Kielwasser zu erkennen meinte. Probte der Pilot das Unterfliegen des Radarschirms? Sekunden nur dauerte der Anflug, dicht vor der Steilküste zog der mutige Mann senkrecht nach oben und muß bei dem Manöver durchgesackt sein. An graues Metall zum Greifen nahe erinnere ich mich. Dann warf der Lärm und der Luftzug uns von den Füßen. Zuweilen wünscht man sich ein klärendes Gespräch in aller Ruhe, so wie jetzt zum Beispiel mit dem Steuermann eines großen Frachters, der uns auf die Hörner nimmt.

»Versenk uns nicht, mein Freund! Wir wollen noch nach St. Petersburg!«

Das Barometer fällt, der Wind geht auf Südwest und frischt auf. Im Regen jagen wir mittags schon auf der schwedischen Seite durch das Bornholmsgatt. Die meisten Häfen dieser Küste haben wir mehrmals angelaufen, denn bevor die Reisen länger wurden, sind wir urlaubend an Schweden entlanggebummelt oder auch mal havariert nach Hause gehumpelt. Bei Simrishamn gibt's Mittagessen, und Renate erzählt, wie wir vor Jahren Welle und Schraube verloren hatten und von Kalmar bis zur Schlei alle fünfzehn Minuten lenzen mußten. Damals übernachteten wir in Simrishamn, und die Leute neben uns verstanden nicht, weshalb die ganze Nacht unser Wecker klingelte. Ich mag lieber positive Geschichten und erzähle von Rönne drüben hinter der Kimm, wo lange Jahre Männer und Frauen einen gemeinsamen Duschraum benutzen mußten. Die Kabinen besaßen keine Vorhänge, und die Waschbecken und Spiegel lagen den Duschen genau gegenüber. So lange putzte ich mir selten die Zähne wie an jenem Tag, als hinter mir zwei junge Mädchen ihre knackigen Körper seiften. Ob man's inzwischen geändert hat? Wir sollten doch mal wieder gammelsegeln und die alten Plätze besuchen.

Utklippan an der Nordseite der Hanöbucht, wo es in den Kalmarsund geht, ist so ein uns vertrauter Felsen. Dieser einsame Stein vor der Küste war während meiner ersten Reise als Moses ein ganz besonderer Wegepunkt. Damals wurde ich regelmäßig furchtbar seekrank. Die Hanöbucht wird auch die schwedische Biskaya genannt, und das winzige Schiff wurde beim Überqueren des für seine Verhältnisse großen Wassers regelmäßig gewaltig durchgeschüttelt. Auf dem Weg nach Norden bedeutete Utklippan also Verheißung des Kalmarsunds, in dem es bald ruhiger werden würde. Auf dem Weg nach Süden brauchte ich vor Utklippan nichts zu essen, denn die Speisen fielen mir ja sowieso wieder aus dem Gesicht. So manches Mal sah ich den Schein des hellen Feuers über die weißen Wogen wischen, wenn ich ausgepumpt und wie ein nasser Lappen über der Reling hing. Später liefen wir mit unserem Boot gern in den kleinen Schutzhafen ein und fühlten uns wie Robinson, wenn wir das Glück hatten, die Insel für uns ganz allein genießen zu können.

An diesem Abend jedoch ist Utklippan ganz schnell achteraus. *Sposmoker* läuft, was das Zeug hält, und muß ein paar Meilen weiter dann doch ein wenig gebremst werden. Da bringt uns eine niedrige Böenwalze plötzlich Hammerböen bis Stärke neun. Ich rufe Renate zum Steuern an Deck und Klein zum Reffen und Wechseln auf die Sturmfock. Das Schiff ist zwar konsequent für Einhandsegeln ausgelegt, aber wo die beiden schon mit an Bord sind, muß ich mich in dem heulenden Sturm ja nicht alleine abmühen.

Der Spuk geht schnell vorbei. Die kleine Besegelung lasse ich stehen, weil ich langsamer sein möchte, um die Enge zwischen Kalmar nicht im Dunkeln zu passieren. Erstes Büchsenlicht herrscht etwa um drei, der Hafen wird um vier Uhr fünfzehn passiert, da ist es bei der Annäherung schon so hell, daß Klein ausgiebig fotografieren kann. Konzentriert versuche ich, nur die Mauern des Schlosses zu sehen und die modernen Gebäude und die Kräne in Gedanken aus dem Bild zu radieren. Mit welchen Gefühlen sichteten wohl die Altvorderen die starke Festung, wenn sie diesen Platz passierten? Die Reise nach Visby oder St. Petersburg gar war damals noch lang und der Ausgang ungewiß. Wir aber wundern uns, daß wir in nicht mal anderthalb Tagen schon so weit gekommen sind. Kalmar immerhin! Und als hemmungsloser Optimist versuche ich mich sogleich an einer Prognose für die Ankunftszeit. Den Fehler, auf einen schnellen Rest der Reise zu schließen, wenn es gut lief, machte ich schon häufig. Und regelmäßig erinnert Petrus mich Naseweis, daß *er* das Wetter macht und daß niemand die Traumbrise von gestern auch für morgen garantiert.

Es wird alsbald flau. An Solliden, dem Sommerschloß des schwedischen Königs einige Meilen hinter der Engstelle des Sundes, segeln wir ganz langsam vorbei. Der Park ist stundenweise für das Volk geöffnet, wir sind mehrfach in den schönen Gärten spazierengegangen. Und einmal hätten wir schwören können, daß Königin Silvia uns vom Fenster aus winkte.

Um neun Uhr dreißig ist der große runde Felsen quer, den man die blaue Jungfrau nennt. Flaute um uns her und schönes Wetter. Das Barometer steigt, und Renate und ich erzählen Klein von den Reizen der skandinavischen Sommer mit ihrem unvergleichlichen nordischen Licht. Wer auf diesen Geschmack gekommen ist, kann das Mittelmeer vergessen, so behaupten wir jedenfalls. Warum wollen wir eigentlich nach St. Petersburg, wo Byxelkrok in Ölands Norden einen Abstecher wert wäre? Gegen Mittag starte ich die Maschinen und nehme nach dem Kaffee sogar probehalber den Außenborder dazu. Wir Männer arbeiten am Schiff. Bordroutine einer Yacht auf langer Reise, die wir kurz unterbrechen, als ein Boot der Küstenwache von achtern aufkommt. Man beäugt uns mit Ferngläsern und prescht mit hoher Fahrt davon. Dieser Besuch erinnert uns wieder an unser Ziel: Wer wird uns als nächstes beobachten? Und dennoch ist eine Reise nach St. Petersburg jetzt fast alltäglich. Unvorstellbar, schon damals nach meinen ersten Briefen die Genehmigung erhalten zu haben. Jahre vor dem Kremlflieger Rust mit einer westlichen Yacht gen Moskau oder die Wolga abwärts! Leichter war es, zum Mond zu fliegen.

»Der Verkehr auf den innerrussischen Wasserwegen . . .«

Die Küste Gotlands badet in der Nachmittagssonne. Von Visby weht ein südlicher Wind mit Stärke zwei in unsere Richtung. Ob ein Hansekoggenkapitän sich wohl gefreut hätte? An dieser Insel kamen so viele Schiffe vorbei, die nach St. Petersburg wollten, bevor der Kurs von engstirnigen Politikern verboten wurde. Ein skurriler Gedanke geht mir plötzlich durch den Kopf. Vielleicht hat Peter der Große hier Station gemacht auf der Rückfahrt von Zaandam, wo er den Bootsbau lernte. Ein großer Zar, ein kleines Schwedenmädchen, eine Romanze pur . . .

Die Fähre nach Stockholm prescht vorüber, und durch die heißen Abgase aus dem Schornstein betrachtet, verschwimmen Gotlands Hügel zu einem wabernden Kunstwerk. Das Bild hält einige Minuten, und der kleine Frachter unter der Steilküste zerfließt zum Langboot eines Wikingerhäuptlings. Auch die Wikinger reisten über die Newa und die Wolga nach Persien für Gold und Seide und Sklavinnen.

Der Wind bleibt schwach. Den Außenborder stoppen wir, weil wir ihn später wirklich brauchen werden, und so schleichen wir denn über ruhiges Wasser. Ein Glück, daß uns hier nicht starker Wind von vorn beutelt. Renate mußte ich lange überreden zu dieser Fahrt, wobei ich große Versprechungen machte übers Unterkriechen, wenn's hart wird. Von jedem Hafen beidseits des Kurses könne sie sofort nach Hause reisen, sollte ihr der Törn nicht mehr gefallen. Geredet hab' ich mit Engelszungen, weil's mir wichtig war, daß sie dabei ist auf diesem einmaligen und so lange vorbereiteten Abenteuer. Also bemühen wir beiden Männer uns, die Bordfrau bei Laune zu halten, indem wir auf das nahe Land und die schützenden Buchten verweisen. Nur heimlich studiere ich die Karte, messe die fast neunzig Meilen freies Wasser bis zur Ostseite mit Besorgnis und klopfe aufs Barometer dabei.

Die großen baltischen Inseln Dagö und Ösel dort vor der Küste Estlands waren für Jahrzehnte gesperrt. Höchste Zeit, daß der kalte Krieg zu Ende ging, damit das ganze Europa beidseits des Vorhangs zur Besinnung kommt. Estland, Lettland und Litauen! Sogar wir Älteren hatten zunehmend Schwierigkeiten, die baltischen Staaten geographisch korrekt einzuordnen. Ein paar Jahrzehnte noch und die Jugend hätte mit Windau, Libau und Memel nichts mehr anzufangen gewußt. Dabei ist's nur ein Katzensprung von Gotland hinüber. Welche Verwirrung muß in unser aller Köpfe geherrscht haben. Wie verblendet und unfähig sind Politiker über Jahrzehnte gewesen zum Schaden ihrer Völker.

Memel lese ich auf der Karte. Ein Freund schaffte es, dorthin zu kommen, indem er zum Schein als Steuermann auf einem Kümo musterte. Der Vater war Pastor in Memel gewesen, Hermann war dort geboren und aufgewachsen und mußte doch heimlich herbeischleichen mit der Kamera unter der Jacke. Das Pastorat zeigte er mir dann auf Fotos und das Cafe N., in dem er seine Tanzstundenliebe mit Mohnkuchen umwarb. Die Besitzer waren bei Kriegsende nach Glückstadt an der Elbe geflüchtet und haben sich dort am Markt eine neue Existenz aufgebaut. Nun gibt es den besten Mohnkuchen nördlich des Mains, mein Lieblingskuchen übrigens, nicht weit von uns zu kaufen. Als meine Freunde aus St. Petersburg uns besuchten, sind wir im Cafe N. gewesen.

Nachmittags rufe ich über Stockholm Radio in St. Petersburg an.

»Hallo, Tatjana! Wir kommen, und mit etwas Glück dauert's gar nicht mehr lange! Grüß Alexander, und wir freuen uns so! Seid ihr gesund? Und geht's den Kindern gut?«

Auch die schwedische Funkerin findet's offenkundig normal, daß deutsche Yachten mit Rußland telefonieren. »Gute Wache« wünscht sie, und »bon voyage« spricht sie aus, als würde sie perfekt französisch können. Nur wenige Jahre erst, da man Menschen erschoß, die von Deutschland nach Deutschland strebten, oder die nur einmal im Leben Paris oder Rom besuchen wollten.

Um Mitternacht kommt die gesamte Besatzung an Deck. Bei umlaufend eins schleichen wir dahin, und so kann ich sogar draußen auf dem hinteren Beam hören, wie unten Papier raschelt und Gläser klingeln. Zwischen Gotska Sandön und der Nordhuk von Gotland werde ich sechzig Jahre alt an diesem zweiten Juni. Dämmrig ist's auf dem glatten Wasser. Der nördliche Himmel zeigt rötliches Licht hinter vereinzelten Wolken. Ach ja, sechzig! So alt zu werden, hab' ich mir lange Zeit nicht vorstellen können, hab' die magische Zahl gefürchtet, weil man manches mit neunundfünfzig noch darf, was mit einundsechzig lächerlich wirkt. Dabei fühle ich mich so jung und habe Pläne für noch dreimal sechzig. »Herzlichen Glückwunsch«, sagen meine beiden Mitsegler und was man sonst so redet und sind aufgekratzt. Und ich denke an meinen Freund Kurt Schmischke, den Maler der Küste und der See, der viele gute Sprüche kennt. »Rollende Steine setzen kein Moos an.«

So ähnlich würde Kurt jetzt klingen. Was sind schon sechzig, wenn einen kein Zipperlein plagt.

Geburtstagswetter mit Schiebewind! Südwest mit Stärke drei weht an diesem herrlichen Tag übers kristallklare blaue Wasser. Wir blistern, daß es eine Freude ist. Mittags gibt es köstliche Häppchen, Champagner und ein dreifaches Hipphipphurra. Der Finnische Meerbusen liegt jetzt voraus, und der Dampfertreck wird gekreuzt. Kap Ristna auf Dagö passieren wir um achtzehn Uhr und laufen mit Rauschefahrt an Tahkuna vorbei. Nun ist es bis Tallinn gar nicht mehr weit, dessen Hafen Renate sich heimlich ausguckte als letzte Chance, um einen Satz an Land zu machen. Ein Glück, daß ich die Gute so weit mitbekommen habe. Bei Sturm hätte sie jetzt die Gelegenheit ergriffen, hätte mich an mein Versprechen erinnert und wäre ausgestiegen. Ich denke, es ist natürlich, daß sie Angst hat vor dem ihr unbekannten Rußland. Wie unsere Reise ausgehen wird, weiß schließlich kein Mensch, und was wir planen, hat ohnehin noch niemand versucht. Zur Ablenkung von möglicher Fahnenflucht und weil von der Küste her Morgennebel über das Wasser kriecht, erzähle ich von Nebel, Nighttime und Coffeetime.

Literweise Kaffee zu trinken gewöhnte ich mir schon an, als ich noch für die Hapag um den Globus jagte. Später als Nordseelotse dann half ich mir mit dem Stimulans über drei durchwachte Tage und Nächte, und auf allen Revieren der Welt ist Coffein ein wichtiger Sicherheitsfaktor. Zwischen Mitternacht und Morgen, wenn ortskundige Männer auf langen Strömen und Kanälen zu Tausenden die großen Pötte durch Finsternis, Nebel und Schneetreiben jagen, bewegt schließlich nur ein einziger Wunsch die Gedanken: das brennende Verlangen nach einer heißen Tasse Kaffee oder Tee, und diese möglichst stark und möglichst sofort.

Und hier und da kann man sicher sein, sofort bedient zu werden. Auf russischen und polnischen Schiffen etwa, wo die Männer nichts kosten, ist Kaffee kein Problem. Bei den Deutschen von jenseits des Vorhangs kam die Stewardeß auch zur Geisterstunde mit der dampfenden Kanne auf die Brücke und servierte angehübscht und freundlich lächelnd einen Imbiß. Auf Levantinern wird sofort und als erstes gefragt, ob man den Kaffee griechisch oder »American Style« möchte, auf Skandinaviern dauert's etwas länger, und wenn die »Null-Bock-Generation« schon wacht, muß man sich selbst drum kümmern. Engländer fahren immer einen zuständigen Lehrling. Und auf Amerikanern gibt es Probleme!

Da stand ich nun eines Nachts um zwei auf *American Lark* und hatte zum Abendbrot zu gut gewürztes Gyros gegessen. Nicht nur wach werden wollte ich, sondern auch schlimmer Durst marterte die trockene Kehle! Den Tiefgang sagte der Alte zwar und wieviel er laufe, und auch die Notice für die Maschine gab er an, verschwieg die Drehrichtung des Propellers nicht, doch er fragte nicht nach meinen Wünschen. Pottendicker Nebel hüllte uns ein, und *American Lark* stand vor Brunsbüttel nachts um zwei, und wenn ich doch bloß bald Kaffee bekäme! Fragen mochte ich nicht, denn die amerikanische Antwort ist bekannt in der ganzen Schiffahrt und auf allen Revieren. Wenn man den Steward nach achtzehn Uhr braucht, bekommt er vier Stunden Minimum bezahlt. Und die Zeit zählt dann doppelt und einhalb, und das macht so viele Dollars für eine Stunde und muß mal vier genommen werden. Aber das Gyros war so scharf gewürzt gewesen, und der Durst nagte! Vielleicht sollte ich in Zukunft für alle Fälle eine Thermoskanne . . .?

Die Oste wischte vorbei, Belum-Radar beriet mich jetzt, und der Steven war im Nebel nicht zu sehen. Aber bei Glameyer Stack, so sagte mein Macker vom Radarturm, würde es klar werden. Welch eine Routine nach über zwanzig Jahren, aber angstmachende Bedrohung für den schwarzen Steuermann, dem die flotte Fahrt bei zehn Metern Sicht auf die Nerven ging.

»Wie lange müssen wir noch durch den Nebel? Ist das hier immer so in dieser Jahreszeit? Wie sieht es bei *Elbe I* aus?«

Der Mate hatte andere Sorgen als sein Lotse, der ihm,

einer plötzlichen Eingebung folgend, Sichtverbesserung versprach, sollte er eine Tasse Kaffee bekommen.

»You'll see. A coffee for the pilot, and the fog will be gone.«

Er ließ sich auf den Handel ein, machte über dunkle Kanäle das Unmögliche wahr und beschaffte unter Umgehung sämtlicher gewerkschaftlicher Vorschriften einen köstlichen Kaffee. Als wir Glameyer erreichten, fuhren wir aus der Nebelbank, sahen Cuxhaven im Mondlicht voraus, und der gute Macker geriet aus dem Häuschen.

»It works! Es funktioniert! You spend a cup of coffee for the pilot and the fog goes away.«

Ein Wunder war geschehen.

Bei Großvogelsand fuhren wir urplötzlich in die nächste Nebelwand hinein, und noch auf dem Lotsendampfer hörte ich die lauernde Stimme des hoffnungsvollen Alten durch das nächtliche Ruderhaus: »How many gallons of coffee you want now?«

Zeitlebens pflegte ich ein ganz besonderes Verhältnis zu Krankenschwestern. Fügung oder Schicksal. Bemerkenswerte Parallelen unserer Berufsbilder entdeckte ich jedenfalls: nachts allein auf Station für viele schlafende Menschen Verantwortung tragen, literweise Kaffee trinken ebenso wie private Probleme des unregelmäßigen Dienstes wegen. Schiffsoffiziere und Krankenschwestern gehörten einander verbündet. Und Verbündete sind auch Klein und ich im Moment, denn nahtlos erzählt er weiter von sechs Nonnen, die er als Passagiere nach Indonesien fuhr. Ein wenig Seemannsgarn noch dazu und vereint haben wir Renate an Tallinn vorbeigeredet. Warum's mir wichtig ist, daß sie weiter mitkommt? Man muß sich fürs gemeinsame Altern gemeinsame Erinnerungen schaffen.

30

Russisches Patrouillenboot längsseits

Hinter Tallinn setzt ein leichter Hauch von Osten ein, und die erste Kreuzerei dieser Reise beginnt. Einen Schlag nach dem anderen machen wir, wenden dicht unter der Küste von Estland, segeln rüber zu den Außenschären Finnlands durch milchigen Dunst. Nur das viele Russisch auf Kanal sechzehn des UKW erinnert uns daran, in welchem Seegebiet wir uns bewegen. Es ist kalt geworden.

»Schrecklicher Tag mit ungünstigen Winden. Ist nichts mit der Ankunft.«

Zwei Sätze voller Frust schreibe ich ins Tagebuch. Renate möchte nach Helsinki oder gleich nach Stockholm und redet von Oldendorf bei Itzehoe. Ich versuche, bei ihr gut Wetter zu machen, und hoffe, bald ruhigeres Wasser zu finden. Für Klein und mich wäre dieser Kurs kein Problem, und vier Beaufort von vorne sind ja eigentlich ein leckerer Segelwind. Im Laufe unserer zusammen über neunzig Jahre auf See haben wir sowieso gelernt, das Wetter zu nehmen, wie es kommt. Hoffentlich ist das Tief bald vorbei! Aber das Barometer fällt weiter, unablässig rinnender Regen und die Kälte gehen aufs Gemüt. Ob unsere Freunde schon an der Pier stehen? Später höre ich, daß Tatjana uns rufen ließ, weil sie sich Sorgen machte.

Auf der Seekarte sind jetzt fast mehr Sperrgebiete als freies Wasser eingetragen. Voll gegenanballern mit dem für Kats typischen Aufschlagen wäre bei dem östlichen Wind möglich. Ich versuche gleichwohl, magenfreundlichen Damenkurs zu steuern, und studiere Renate heimlich aus den Augenwinkeln. Die Bordfrau scheint sich jedoch zu arrangieren, macht gute Miene zum bösen Spiel, und für den Abend verspreche ich ihr ruhiges Liegen in St. Petersburg. Ganz plötzlich und mit hoher Fahrt aus dem Regenmix heranschießend, ist dann ein russisches Wachboot bei uns. Aber als ginge mich der Krieger überhaupt nichts an, segle ich munter drauflos. Wir werden umrundet, man schießt eine rote Rakete und entfernt sich wieder.

Nach etwa einer Stunde jagt dasselbe Schiff erneut heran, schießt wiederum eine Rakete und fordert uns auf UKW auf, eine Boarding-Partie an Bord zu nehmen. Bei der kabbeligen See wird die Enterung des *Sposmoker* nicht einfach sein, und was die Leute da an Unsinn reden über die Manöver, die ich ausführen soll, ist seemännisch gesehen glatter Quatsch. Mit mir nicht! Wozu fahre ich als Lotse fast täglich bei anderen Schiffen längsseits? Ruhig und bestimmt gebe ich auf UKW klare Anweisungen, wie sich sein Verkehrsboot verhalten soll. Aber als das schwere eiserne Ding heran ist, hantieren die Jungs damit bei Vollgas wie der letzte Henker. Die ganze Besatzung, mit Ausnahme des Boarding-Officer, scheint mir kaum älter als siebzehn zu sein. Da sind unsere alten Fischdampfermatrosen auf den Lotsenversetzbooten doch ein anderer Schlag.

»How can you run a ship with such a kindergarten!«

Die kalkweißen Gesichter signalisieren zudem Seekrankheit, was bei dem Gehopse kein Wunder ist. Irgendwann kommen die beiden Boote einander aber doch so nahe, daß der Offizier der Grenzkontrolle mit einem gewaltigen Satz das ruhige Deck des *Sposmoker* unter die Füße bekommt. Ärgerlich der schlechten Vorstellung wegen, die seine Gang da gerade lieferte, lasse ich den Mann spüren, daß er wenigstens »Guten Morgen« sagen könnte.

Im Verlauf der Amtshandlung bessert sich die Atmosphäre. Deutsch und Englisch spricht der junge Leutnant nicht, obwohl wir der Meinung sind, daß er versteht, was wir reden. »What can I do for you?« müssen die Behörden hier ohnehin erst noch lernen. Pässe und Visa will er sehen, und letztere besitzen wir für mehrere Monate. Ganz besonderes Aufmerken gilt jetzt aber unserer »Marschrout«, wie die Russen sagen, denn alle größeren Ortschaften, die wir anlaufen, sind in den Visa vermerkt. In einer umständlichen Prozedur telefoniert der Beamte Namen, Daten und die ganze Liste der Ziele nach drüben. Die Verwunderung auf der Brücke des Wachbootes ist sogar durch den Äther zu spüren. Wir weisen auf das Visum für die Ukraine hin, das in den Pässen eingetragen und nur in Bonn zu haben war.

Und spätestens jetzt meint die besonders scharf beobachtende Renate auf dem offenen Gesicht unseres Russen ein verschwörerisches Lächeln erkannt zu haben. »So, so, Ukraine. Jalta.«

Dann heißt es warten, während drüben auf dem Krieger wohl mit übergeordneten Stellen telefoniert wird. Irgendwann muß der Chef sein Okay gegeben haben. Der Offizier hat Tafeln dabei mit vorbereiteten Floskeln, damit er das jeweilige Ergebnis der Untersuchung, er spricht ja keine Fremdsprache, nur zu zeigen braucht.

Sie sind verhaftet. Diesen schrecklichen Satz lese ich als erstes, aber er gilt glücklicherweise nicht uns.

Gute Reise! Die Kontrolle ist beendet.

Bevor der Mann mit einer zirkusreifen Leistung sein Boot wieder entert, muß ich ein in Russisch abgefaßtes Protokoll über ihre Inspektion unterschreiben, ferner muß ich erklären, daß ich keine Schäden feststellte und keine Ansprüche anmelden werde. Die armen Mariner können natürlich nichts für ihren Auftrag, aber daß mir diese Prozedur nicht gefällt, sei nicht verschwiegen. Zuvorkommende Höflichkeit gegenüber friedlichen Bürgern oder anreisenden Fremden muß hier wohl erst noch gelernt werden.

Klein empfand diese Art der Kontrolle auf See nicht so ärgerlich. Er erinnerte mich an amerikanische Bürokraten, die auch nicht gerade berühmt sind für ihre Freundlichkeit.

Wir kreuzen weiter und sichten die Insel Malyj und später Seskar als regenverwaschenes Land, dem man die Nationalität nicht ansieht. Wildenten fliegen unter der niedrigen Wolkendecke gen Norden. Sind die nun estnisch, russisch oder finnisch? Wenn ich zuweilen die vielen Grenzen und Hemmnisse beklage, die Menschen errichten, erinnert man mich daran, daß auch Tiere ihren »claim« abstecken.

Zum Teufel mit der Politik, zum Essen gibt es eine Böe, und nach dem Mittag dreht der Wind auf Süd, was Rauschefahrt gen Osten bedeutet. Über die Westgrenze der Festungszone Kronstadt läuft *Sposmoker* mit hoher Fahrt. In der Ferne sind Massen von Frachtern zu erkennen, die auf der Reede von St. Petersburg auf einen Liegeplatz warten. Von meinen Freunden weiß ich, daß arme russische Teufel, die keine Devisen löhnen können, hintenan kommen. Die Marktwirtschaft hat nun mal eigene Gesetze, weshalb sogar meine Lotsenkollegen von St. Petersburg-Pilot sich auf UKW bemühen, mir einen ortskundigen Berater anzudienen. Ich wimmle sie ab, indem ich erzähle, daß zwei Männer mit Captains-Licence an Bord sind, sogar ein Elblotse auf *Sposmoker* fährt, und höre Enttäuschung heraus. Kronstadt passieren wir im Regen, sehen die stolze graue Flotte traurig dümpelnd angebunden. Ruinen wirken so klatschnaß und unter trübem Himmel überhaupt nicht pittoresk. Aber der Kat läuft, als rieche er den Hafen, und der Spuk ist schnell achteraus. Mein Freund Alexander ruft uns auf UKW, und Klein wundert sich, was für gute Verbindungen ich in Rußland habe.

Mehrere Fluß-See-Schiffe begegnen uns im St.-Petersburger-See-Kanal, als sollten wir daran erinnert werden, daß dieses nur die ersten von vielen tausend Kilometern durch das riesige Land sind. Als der Regen dann einem Vorhang gleich nach Norden wegzieht, ist der Blick frei auf flache Hügel und den Hafen voraus. Hochhausviertel sichten wir wie in irgendeiner westeuropäischen oder amerikanischen Metropole. Enttäuscht frage ich meine Crew nach den Kuppeln und Palästen St. Petersburgs und sehe bloß Kräne und die Aufbauten von Frachtern. Kein Unterschied zu Rotterdam oder Antwerpen. Der Schiffspark insgesamt scheint lediglich älteren Datums zu sein und die Kräne so, wie man sie in den fünfziger Jahren in Bremen und Hamburg im Freihafen sah. Anerkennende Bewunderung zolle ich meinen Lotsenkollegen beim Anblick der beeindruckend großen und mächtig beladenen Frachter an den Kais. In dem langen und schmalen Seekanal hinter uns nimmt sich auch die tiefste Rinne ja geradezu nur bescheiden aus.

Ein riesiger kyrillischer Schriftzug auf hohem Betonsockel wird an Steuerbord passiert. Leningrad! Wir haben das erste wichtige Ziel der Reise erreicht. St. Petersburg, 1703 gegründet, 1914 in Petrograd umbenannt, 1924, im Todesjahr Lenins, zu Leningrad gemacht und seit 1991 unter der alten Bezeichnung bekannt. Einhundert Inseln und über dreihundert Brücken liegen vor uns, mit Hilfe der deutschen Seekarte finden wir den Passagierkai im Norden, auf daß Immigration und Zoll uns abfertigen.

An der Pier erwarten uns Tatjana, Alexander und die

Kinder. Es ist eine Ankunft bei Freunden wie überall auf der Welt. Meine Umarmung vor der offiziellen Einklarierung erregt allerdings Mißfallen bei einem Uniformierten, doch ein Gastgeschenk glättet die Wogen des Zorns. Die Zollabfertigung ist ein Witz. Nachdem die Papiere gestempelt sind, eine Besatzungsliste müssen wir schnell noch zaubern, verholen wir für eine ruhige Nacht um die Ecke in den Yachthafen der Marine. Die Kinder dürfen den Kat steuern und beim Festmachen tüchtig zupacken. Dann sind wir endlich da und merken alle drei, daß über neunhundert Meilen von Kiel nach St. Petersburg nonstop gesegelt, irgendwie wohl doch ein wenig angestrengt haben. Ein Drink für die Nacht und nichts wie zur Koje.

II Viertausendzweihundert Kilometer unter fremder Flagge

Der erste Tag in Rußland ist ein Sonntag. Zur Feier der glücklichen Ankunft beginnen wir drei Saubermänner mit einem ausgiebig genossenen Bad aus der Pütz. »Sonniges Sommerwetter«, schreibe ich ins Schiffstagebuch. Die Nässe und die Kälte des Anreisetages sind schon vergessen. Die Fahrt zu »meinem Yachtclub« wird an diesem schönen Vormittag zu einer richtigen Ausflugsfahrt, wozu auch die Vergnügungsboote und die vielen Angler passen, die wir auf dem Wege um die Vasilievskij- und die Dekabristov-Halbinsel zur alten Newa passieren. Dort im Grünen, dem Krestovskijpark gegenüber, liegen der Hafen und das angrenzende Clubhaus der Baltic-Shipping-Company. Mein Freund Alexander macht hier den Stützpunktleiter für Trans-Ocean, Kreuzerabteilung und Deutscher Motoryachtverband. Wir steuern den äußeren großen Bogen über die Bucht, denn das Eis des Winters hat Bojen mitgenommen, und das Fahrwasser unter Land ist in diesem Frühjahr noch nicht neu vermessen. So sehen wir vom Boot aus noch einmal die Silhouette der Millionenstadt, wobei Klein und ich frappierende Ähnlichkeiten mit Reykjavik erkennen. Die Gemeinsamkeiten sind unverkennbar, sogar die Farbgestaltung stimmt überein, so daß wir uns ernsthaft fragen müssen, ob hier der gleiche Architekt wie auf der vulkanischen Insel im Atlantik wirkte. Bloß die beherrschenden Kirchtürme fehlen, die das Bild von Islands Hauptstadt prägen.

Im Yachtclub stehen zufällig Ansegeln und Standersetzen auf dem Programm. Die Mitglieder sind deshalb in festlicher Kleidung auf dem Rasen vor dem zweigeschossigen Clubhaus versammelt. Während wir dort betont langsam heranmotoren, um die feierliche Stille nicht zu stören, kommt der Vorsitzende am Geländer der Balustrade zum Schluß seiner Rede. Ein paar verwirrte Minuten lang beziehe ich den Applaus und die Salutschüsse auf die Ankunft des *Sposmoker*. Aber ganz so wichtig sind wir nun doch nicht. Bei der allseits freundlichen Begrüßung ist dennoch zu bemerken, daß meine Freunde nur Positives über uns geredet haben müssen. Auf deutsch und englisch wollen die russischen Segler eine Menge wissen über den großen Kat und unsere Anreise von Kiel. Kaum komme ich dazu, Tatjana und ihre Söhne zu umarmen, Schäferhund Gregor gebührend zu tätscheln. Gemeinsam machen wir dann einen Spaziergang durchs Gelände, beobachten das Gedränge der Boote unter dem Mastenkran. In den Hallen wird an beeindruckend großen Schiffen fleißig gewerkelt, und Bummelanten schleifen erst jetzt im Juni mit viel Staub, wo der Nachbar schon längst lackieren will. Warum sollte es in diesem Club anders sein als irgendwo sonst auf der Welt? Auch die Optigruppe mit dem Nachwuchs ist auf dem Wasser, und der engagierte Jugendwart brüllt mit dem Megaphon herum, hütet die Schäfchen mit dem Motorboot.

Alexander ist passionierter Jäger und hat einen prächtigen Auerhahn geschossen. Den Vogel in seinem bunten Federkleid möchte ich vor dem Rupfen so gerne noch fotografieren, aber jetzt gibt's Besuch von Juri mit Frau und Sohn und Boris mit Familie. Viele Gastgeschenke muß ich in Empfang nehmen, Kaviar und Champangskoje darunter. Dann gilt es, den Frauen das Schiff zu zeigen, Renate und Klein vorzustellen. Mein

Freund wundert sich offenkundig, wie sehr ich in St. Petersburg zu Hause bin. Und irgendwie daheim fühle ich mich auch, wenn Gregor, der schnell gelernt hat, mit einem Satz an Bord zu kommen, mich bei jedem Gang ins Schiff begleitet. Boris und Juri lernte ich vor einiger Zeit als Steuerleute auf der Elbe kennen, und letzterem hab ich schon mal einen Job auf einem deutschen Schiff besorgt. Juri wird uns auf dem ersten Drittel der Reise als unser privater Lotse begleiten, und Alexander Pavlow, der nachmittags kommen wird, ist für die ganze Reise nach Jalta angeheuert. Zwischendurch ruft ein weiterer Bekannter an und wird mitsamt Nichte zum abendlichen Schmaus geladen. Wir werden eine große Gesellschaft sein.

Klein fährt mit Tatjana zum Einkaufen, um Kartoffeln und frisches Gemüse vom Markt zu holen. Ganz begeistert wegen des überwältigenden Warenangebots kommt der Freund zurück. Außerdem machte ihnen die Fahrt durch die Stadt Lust auf einen ausgiebigen Bummel. Eine kleine Rundfahrt über den Newskij-Prospekt, am Winterpalast und der Eremitage vorbei, haben die beiden natürlich nicht ausgelassen. So viel guterhaltene Bauten aus der früheren Zeit! Diese herrlichen Alleen und breiten Boulevards, die vergoldeten Kirchturmspitzen . . . Der sonst schwer zu begeisternde Klein ist wirklich hingerissen, und gemeinsam mit Renate will er mich davon überzeugen, daß wir durch St. Petersburg auf keinen Fall nur hindurchjagen dürfen. Wollte ich ja gar nicht! Aber immer »step by step«.

Erst einmal geben wir ein Festessen im Kapitänssalon des Clubhauses. Herrliche Intarsienarbeiten schmücken die edelholzgetäfelten Wände, schaffen maritime Atmosphäre. Am meisten beeindruckt mich an diesem Abend, daß wir auf Kerenskis Stühlen sitzen. Der erste

Ministerpräsident der Republik war diesem Club verbunden, und kluge Vorsitzende sicherten sich bei seinem Sturz die kostbaren Möbel ihres Mitglieds. Während wir oben tafeln, wird unten im Foyer getanzt. Der Vorsitzende, der natürlich auch mein Gast ist, muß zwischen den Gängen seinen Pflichten nachkommen, aber der Charme seiner schönen Frau entschädigt. Ich mag Ninas lustige Augen und bin von ihrer klugen Ansprache, die Tatjana übersetzt, ganz begeistert. Von verrückten Seglern ist die Rede, von Männern, die neue Kurse wagen. Mit berühmten Pionieren vergleicht mich die schöne Russin, und bevor ich ganz verlegen werde, gibt es von Sascha den Truthahn. Selbstverständlich wird an Wodka und Wein nicht gespart, und herrliche Trinksprüche, die mit der deutsch-russischen Freundschaft und alten Beziehungen dieses traditionsreichen baltischen Clubs zu tun haben, werden ausgebracht und beklatscht. So häufig wird auf das Gelingen unserer Fahrt angestoßen, daß eigentlich überhaupt nichts schiefgehen kann.

Nur zuweilen, wenn ich mit Alexander rede, dem Begleiter für den ganzen Törn, werden mir trotz aller Euphorie die Risiken bewußt. Wenn bloß alle Russen, die wir auf unserer langen Reise durchs Land treffen werden, so herzerwärmend freundlich sind wie die Gäste dieser Willkommensparty! Auch Boris macht in einer stillen Minute ein paar Bemerkungen, die mich nachdenklich stimmen. Hier in St. Petersburg ist noch überhaupt nichts entschieden. Die Chancen fürs Gelingen schätzen Juri und Alexander auf fifty-fifty; ich werde meinen Dickkopf brauchen und eine Menge Glück dazu.

Am nächsten Tag ist Mastlegen angesagt. Sonniges Sommerwetter, gute zwanzig Grad Lufttemperatur und

Windstille sind die besten Begleitumstände, die wir uns wünschen können. Als ich das selbsterdachte Gerät in Deutschland probehalber einsetzte, wehte Sturm mit Stärke neun über den Deich, und der pendelnde Mast ließ sich mit mehreren Männern kaum halten. Diesmal sind Klein und ich zunächst allein bei der Arbeit, und beim Verschrauben der langen Profile mit der Quertraverse ist das auch gut so. Schon vor langer Zeit haben wir eine ruhige und besonnene Zusammenarbeit entwickelt, deren Effektivität wir beim Bau des Schiffes vervollkommnet haben. Bei so aufeinander eingespielten Freunden, die sich wortlos verstehen, stören Fremde bloß. Später, als die Schwerarbeit beginnt mit größeren Gewichten, kommt uns Boris zu Hilfe, der als Seemann natürlich auch vom Riggen Ahnung hat. Ein hartes Stück Arbeit bleibt die Operation dennoch, denn der Masttop ist immerhin zwanzig Meter über dem Wasser. Als ich beim Anschlagen dort oben herumturne, seit einer knappen Woche immerhin schon über sechzig, ernte ich Renates uneingeschränkte Bewunderung. Tut schon gut, wenn eine in vielen Jahren kritisch gewordene Ehefrau so spontan Beifall äußert.

Während einer Verschnaufpause befinde ich mich durch Zufall mit Boris allein im Steuerbordrumpf, und der junge Mann benutzt die Gelegenheit für ein Wort unter vier Augen. Offensichtlich ist ihm der Versuch sehr wichtig, mich in letzter Minute vielleicht noch umstimmen zu können. All die Schwierigkeiten, die sich uns auf unserer Fahrt in den Weg stellen könnten, malt er mit großem Ernst aus.

»Wenn ihr nun festgehalten werdet! Wenn man euch weit drinnen vielleicht stoppt, in Wolgograd erst! Wochenlanger Arrest und Scherereien mit den Behörden! Und das Geld ist alle! Wenn ihr überfallen werdet! Sogar Baltiskis und Ladogas werden angehalten und ausgeraubt!«

Echt besorgt ist Boris, und den größten Schwachpunkt meines Plans hat er natürlich auch erkannt: »Hier in St. Petersburg sind deine Freunde, und die Einreise ist einfach! Aber wie kommst du wieder raus? Die Grenzkontrolle in der Enge von Kertsch wird fragen, wann *Sposmoker* Kertsch passiert hat! Kennst du unsere Gesetze nicht? Der Verkehr auf den innerrussischen Wasserwegen ... Was ist, wenn jemand unterwegs zufällig beginnt, ein wenig nachzudenken?«

Sehr direkt blicke ich dem jungen Russen in die Augen.

»Ach, Boris! Das sind so viele Fragen, auf die auch ich beim Grübeln keine Antwort fand. Aber meinst du wirklich, daß ich jetzt umdrehen soll? Bist du ehrlich der Meinung, ich müsse Tatjana und Alexander sagen, ich habe kalte Füße bekommen? Soll ich auslaufen? Mich heimlich zurückschleichen nach Kiel und warten auf den Sankt-Nimmerleinstag?«

Im offenen Gesicht meines Freundes beginnt es plötzlich zu zucken.

»Fünfzehn Jahre, Gerd! So viele Briefe, Jahr für Jahr! All deine Arbeit an diesem Projekt!« Der Gedanke haut den Mann einfach um. Mit dem Oberkörper liegt er nun auf der Vorschiffskoje und hat einen Heulkrampf. Als der Gefühlssturm vorbei ist, entschuldigt Boris sich, nimmt einen Rubel aus dem Portemonnaie und bittet um meinen linken Schuh. Dann legt er die Münze hinten am Hacken unters Leder. Ein alter russischer Aberglaube ... Unsere Freundschaft ist ein ganzes Stück enger geworden, und ich bin ein wenig mehr mit mir im reinen. Umkehren? Niemals!

Als der Mast gelascht auf Stützen an Deck liegt und

der Kran wieder verstaut ist, kommen etliche Clubkameraden mit anerkennenden Kommentaren vorbei. Das Lob der Russen tut gut, denn ein wenig stolz bin ich schon auf meine Konstruktion, hat man doch schließlich auch einen Ruf zu verlieren. Deutsche Handwerkskunst nebst ein paar anderen germanischen Eigenarten haben die Russen seit jeher bewundert. Mir fallen die Soldaten des Zaren im Ersten Weltkrieg ein, die beim Einmarschieren in Ostpreußen ständig staunten, daß die Bäume in Reih und Glied standen und der Waldboden wirkte, als sei er frisch geharkt.

»Die Deutschen sind klug, die haben den Teufel erfunden.« Von diesem alten Sprichwort erzähle ich Klein und von einem Stauervizen in Venezuela. Der gute Mann konnte sich überhaupt nicht einkriegen, als wir eines Tages mit einem neuen Verladegeschirr für Pkws ankamen. Mit dem sinnvoll ausgedachten Gerät konnte man in wenigen Minuten bewirken, was zuvor eine halbe Stunde gedauert hatte.

»Los Allemanes tienen mucho cabeza! – Köpfchen haben die Deutschen!«

Während wir noch an Deck aufklaren, war Renate mit Tatjana bummeln, und auch sie kommt voller Begeisterung wegen der Schönheiten St. Petersburgs zurück. Am nächsten Tag ist also touristisches Programm für alle angesagt. Wir absolvieren die »musts« und sehen selbstverständlich nur einen kleinen Teil, da doch Wochen nötig wären für die herrlichen Paläste und Kathedralen, die weitläufigen Parks.

In Erinnerung hatte ich noch die tapferen Frauen, die während der deutschen Belagerung die goldene Spitze der Peter-Paul-Kathedrale mit einem Gerüst und Tüchern verhüllten. Unsere Artilleriebeobachter nutzten damals das markante Zeichen zur Orientierung, um sich einzuschießen; das funktionierte, bis die Frauen versuchten, dem Feind einen Strich durch die Rechnung zu machen. Zufällig hat Klein vor der Abreise aus Kiel einen Film über die Belagerung gesehen; vor Ort erzählt er betroffen von den erschütternden Berichten Überlebender, von Menschlichkeit, Heldenmut und Opferbereitschaft. Sind diese freundlichen und fröhlichen Menschen und wir nicht ein Volk?

In den Pausen zwischen all unseren Unternehmungen gibt es viel Übersetzungs- und Schreibarbeit für Tatjana. Gemeinsam feilen wir an einem möglichst wasserdichten Chartervertrag, in dem meine Besitz- und Führungsansprüche ebenso dokumentiert werden sollen wie die Kompetenzen des Sportschippers Alexander Pavlow. Die endgültige Fassung unseres Machwerks wird dann in Deutsch und Russisch erstellt, wird gestempelt und unterschrieben. Renate als Miteignerin muß gewaltig über ihren Schatten springen und bekommt ganz offensichtlich Angst und schlotternde Knie. Um sie zu besänftigen, machen wir uns allen Mut, indem ich daran erinnere, daß wir nicht in böser Absicht kommen und daß bloß überholte Bestimmungen diesen Quatsch nötig machen. Dann staune ich bei der Fertigstellung der russischen Schiffspapiere für die Yacht *Clown/Sposmoker*. Signalmittel und Rettungswesten werden ebenso akribisch aufgeführt wie Fäkalientanks, Beiboot und etliches mehr an Ausrüstung, Bürokraten gibt es überall!

Sposmoker tarnt sich

Um nicht zu früh schlafende Hunde zu wecken, legen wir den Termin für die Umflaggung dann auf die letzten Stunden vor der Abfahrt. Klebefolien, auf denen der Schiffsname *Clown*, der Heimathafen St. Petersburg und der Club in der vorgeschriebenen Größe prangen, liegen bereit; die russische Flagge ist an Bord. Wenn Juri und Alexander uns nicht im Stich lassen, wird es ernst. Ein strahlend schöner Sommertag verscheucht die aufkommenden düsteren Gedanken; zurück kann ich jetzt doch nicht mehr. So lege ich das Schiff »klebegünstig« an den äußeren Schwimmsteg, und die Verwandlung des *Sposmoker* nimmt ihren Lauf, wobei Renate schwache Nerven zeigt. Alle anderen Verschwörer gehen sehr ernst und konzentriert zu Werke. Wieviel unsere Freunde riskieren! Uns Deutsche schickt man vielleicht ohne Schiff über die Grenze; Tatjana und Alexander aber würden schlimmer in der Tinte sitzen.

Während der ersten Minuten nach dem Wechsel betrachte ich das fremde Tuch am Heck mit Skepsis und fühle die Last der Verantwortung, aber Tatendrang vertreibt die Sorgen. Worauf warten wir noch? Während Alexander grüne Raketen in den blauen Frühlingshimmel schießt, geht Yachta *Clown* ganz langsam auf die gefährlichste all ihrer bisherigen Reisen.

Ein Stück des Weges haben wir den Wind von vorn. Gegen kurzen und steilen Seegang hat der Kat mit seinen nur für Hafenmanöver ausgelegten Einbaudieseln noch nie gut ausgesehen. Sascha guckt skeptisch auf die Logge, und auf seinem offenen Gesicht lese ich den Gedanken, daß mit solcher Schleichfahrt das Riesenreich gewiß nicht in einem Sommer zu bewältigen ist. Nachdem wir aber den Yanmar gestartet haben und der

Clown die Wellen flott durchpflügt, daß es eine Freude ist, hellt sich die Miene meiner Begleiter auf. Guter dikker Diesel! Später werde ich dich »Jan Mehr« nennen und dir viele Male dankbar sein! Zunächst aber veranstalten wir eine Hafenrundfahrt, vorbei an jenen Plätzen, die wir per Auto schon besuchten. Auch vom Boot aus betrachtet ist St. Petersburg eine Stadt, die man mögen muß. Und immer wieder kann ich den Gedanken an über eine halbe Million verhungerter Menschen nicht verdrängen. Nur ein wenig zu jung war ich damals, sonst wäre ich vielleicht unter den Belagerern gewesen. Am Ladogasee, dort wo die Newa beginnt, fiel mein Cousin, und wir brummen über diesen Fluß an einem Sommertag. Ein seltsames Gefährt dieser Kat mit dem Mast an Deck, dem die Menschen neugierig hinterhersehen. Ins Schwarze Meer? Nach Jalta? Ein *Clown* ist das bloß, der vor dem Panzerkreuzer *Aurora* eine Runde dreht. Dieser graue Krieger hat dereinst die Revolution angeschossen, und ein wenig Symbolik ist gewiß im Spiel bei unserem großen Kreis auf dem Wasser.

Ein Stück weiter kommt zur Linken das Zentralgefängnis in Sicht, und Juri und Sascha machen, von Galgenhumor beflügelt, einige Späßchen. Klein und ich sind uns einig, daß wir Sibirien lieber als Bahnreisende oder als Bootstouristen auf Jenisej oder Ob kennenlernen würden. Renate schaudert's beim Anblick des Gemäuers.

»Ihr beide habt's gut. Ihr könnt euch auf deutsch unterhalten in der Zelle, aber ich bin unter den kriminellen russischen Frauen ganz allein.«

Nicht hinsehen zum düsteren Ort, den auch die Sonne nicht einladender macht, dafür weiter stromaufwärts nach Rußland hinein! Und was immer ich mir vorgestellt haben mag, die stinknormalen Bilder einer westeuropäischen Großstadt hatte ich während dieser ersten Kilometer nicht erwartet.

Industrieanlagen wechseln mit Hochhausvierteln. Ein paar Vororte sehen ganz genau aus wie Teile von Hamburg oder Bremen. Weiter stadtauswärts werden die Ufer grüner, stehen beachtliche Häuser, die man auch bei uns Villen nennen würde. Wie der Kiel-Kanal vor Rendsburg, versichern wir uns gegenseitig und erreichen endlich doch ein wenig ursprüngliches Rußland mit Holzhäusern und weidenden Ziegen. Mischwald aus Birken und Tannen zwischen den Dörfern stimmen uns ein auf die karelische Landschaft, die wir während der nächsten Woche durchfahren werden. Diese Gegend könnte auch in Finnland liegen. Wie auf Bestellung treffen wir auf einen Angler, der mit Wathose in der reißenden Strömung steht. Er blickt uns noch lange hinterher.

Die Kraft dreier Maschinen schiebt den *Clown* newaaufwärts. Normalität ergibt sich allmählich durch den Rhythmus der Wachen. Zu Mittag, Kaffee und Abendbrot versammelt sich die Besatzung an Deck. Überraschend schnell sind wir schon bei den Iwanowskij-Stromschnellen angekommen und wühlen uns gegen mindestens sechs Knoten Strom in Richtung Ladogasee. Guter »Jan Mehr«! Guter Juri, der dieses Fahrwasser ganz genau kennt und uns erzählt, welche Schwierigkeiten hier sogar die Berufsschiffahrt hat. Dann ist in der späten Dämmerung des ersten Tages die Newa bezwungen. Bei der alten Festung Schlüsselburg macht das Fahrwasser eine Kurve, der Ladogasee liegt in der Abendflaute still und unendlich groß vor unseren Steven. Niemand hat uns gestoppt oder kontrolliert! Im Burghof von Schlüsselburg wurde 1887 Lenins Bruder hingerichtet. Hier hielt Peter der Große seine Schwester gefangen, hier mußte nach seinem Tode seine erste Frau einsitzen.

Man kann die Ausdehnung einer bestimmten Wasser-fläche aus Büchern erfahren. Die Distanz von Ufer zu Ufer eines Sees läßt sich auf jeder Karte mit dem Zirkel abgreifen. Diesen Ladogasee hätte ich mir jedoch nie-mals so groß vorgestellt. Das ist ja ein Binnenmeer, noch dazu mit kristallklarem Süßwasser gefüllt! Die klare, nordisch staubfreie Luft verstärkt den Eindruck von un-endlicher Weite, und während der ganzen Nacht ist der rote Schein der Sonne im Norden zu sehen. Zwei präch-tige Regenbögen stehen im Südosten, wo der See sich scheinbar unter Wolken im Nirgendwo verliert. Ein gu-tes Omen diese schillernden Farben? Ich muß schon recht unsicher sein, wenn meine Gedanken nach jedem Strohhalm greifen. Ein Blick zur Seite auf meine russi-schen Begleiter, deren Routine beruhigend wirkt. Wür-den wir drei Deutschen jetzt alleine hier fahren, wir fühlten uns gewiß noch mehr als Eindringlinge. Doch Yachta *Clown* aus St. Petersburg ruft per UKW den Bal-tiski ein paar Meilen voraus. Dann spricht Juri längere Zeit russisch, lacht dabei wie über gute Witze und schreibt am Ende Breite und Länge des nächsten Wege-punktes auf einen Zettel. Auf diese Weise können wir das »GPS« programmieren, denn unsere Atlanten zei-gen keine verwertbaren Koordinaten. Auch die Mün-dung des Swir hat der Gute erfragt! Denkt mit der Mann! Ich bin zufrieden und kann versuchen, ein wenig zu schlafen.

Doch mit der Abendflaute ist es leider bald vorbei, und auffrischender Wind sorgt für eine holperige Strecke. Ich bin schnell wieder an Deck und freue mich, daß wir den See nach dem ersten Kursänderungspunkt etwas achterlicher nehmen können. Wie unschuldige Kinder sind wir mit dem Mast an Deck unterwegs. Ich hätte wissen müssen, daß die Wellen auf Süßwasserseen besonders steil und unangenehm werden können! Nur die weichen Bewegungen des Kats verhindern das Schlimmste. Hier und da lasche ich ein wenig nach, was aber mehr für die Optik gedacht ist. Und weiteres Aufbrisen auf acht und neun Beaufort aus Westen! Kalt ist es jetzt auf dem Ladoga, und mit länger werdender Anlaufstrecke für die Wellen baut sich richtig hoher Seegang auf. Würden wir segeln, so wäre der scheinbare Wind nahe Null und das Boot läge ruhig, denn nur unter Maschine sind wir ungewohnt langsam, was fliegende Gischt von achtern bedeutet. Meine russischen Freunde scheinen beide nicht ganz seefest zu sein; ich registriere erste Anzeichen von Unwohlsein. Katamarane machen nun mal nickende Bewegungen, mit denen das Gleichgewichtssystem allmählich vertraut werden muß.

Eine Besonderheit ganz anderer Art entdecke ich, an die ich mich noch gewöhnen muß, denn ich bekomme Vorgeschmack auf Saschas Autoritätshörigkeit während dieser Ladogaüberquerung. Der Weg von der Newa zum Swir ist ausgetonnt. Die Karte zeigt die Kurslinie und die empfohlenen Kurse in beiden Richtungen. Auch abseits dieser Fahrstraße läßt sich der See befahren, wobei man auf ein paar korrekt eingezeichnete und mit Seezeichen markierte Untiefen achten sollte. Seemännischer Gepflogenheit folgend, möchte ich bei meiner Kurswahl selbstverständlich Wind und Wellen günstig nehmen und die empfohlene Route verlassen. Doch Alexander ist anderer Meinung und Juri, der meine englischen Argumente ins Russische übersetzt, nur schwer zu bewegen, vom vorgeschriebenen Pfade abzuweichen. Zu folgsam scheint mir der Mann, aber wir finden einen Kompromiß und fahren einen Kurs, der für Yachta *Clown* akzeptabel ist. Ich werde später noch begreifen müssen, daß in diesem Land niemand wagt, einer amtlichen Anweisung zuwiderzuhandeln.

Morgens versuchen wir uns zu dritt an einer Ortsbestimmung nach Peilungen vom jenseitigen Ufer. Wir liegen weit auseinander, und nachdem ich das Lot befragt habe, entscheide ich souverän. Großer Triumph meinerseits, als die um mindestens zehn Seemeilen abweichende Position sich als richtig erweist. Wozu mache ich so was schließlich schon vierzig Jahre! Sascha sagt von sich aus, es stünde eins zu null für mich, und scheint ein wenig erleichtert zu sein, weil er sich auf mein Mitnavigieren verlassen kann. Wir ändern Kurs nach meiner Anweisung in Richtung Mündung des Swir und sind nach einem wilden Ritt über den See mittags endlich wieder geschützt. Glück gehabt, Yachta *Clown*!

Die Gegend am Swir erscheint uns zunächst als weitgehend unbewohnt. Nachdem die breite Mündung des Flusses mit ihren sandigen Ufern und flachen Sümpfen hinter uns liegt, erreichen wir alsbald eine herrliche menschenleere Wildnis. Nur skandinavisch anmutender Wald ist zu sehen und über allem der weite Himmel mit Segelwolken. Dies könnte Schweden ebenso sein wie Finnland, und nur die vielen alten Bekannten von der Elbe erinnern daran, daß wir schon weit innerhalb Rußlands unterwegs sind. Baltiskis, Ladogas und Sibirskis als Mitläufer und Gegenkommer vermitteln den Eindruck, daß die Wirtschaft im Riesenreich irgendwie wohl doch funktionieren muß. Renate ist nach einem späten Frühstück an Deck gekommen, als das Schiff ruhiger lag, und fragt jetzt dauernd aufgekratzt, ob ich diesen oder jenen Dampfer schon mal gelotst habe. »Ruf doch mal auf UKW, ob die da drüben dich kennen.« Doch so viel Aufmerksamkeit wollen wir hier nun wirklich nicht erregen.

Bordroutine weiterhin. Drei Maschinen quirlen uns gegen den Strom des Swir, und ich bin dankbar für die gute Fügung, die mich den »Jan Mehr« organisieren ließ. Ohne die Kraft des starken Außenborders wäre diese Fahrt nicht möglich. Außerdem begreife ich immer mehr, wie wertvoll meine beiden Helfer sind. Allein das russische Buch mit den Fahrregeln, vergleichbar der Kanalordnung am Kiel-Kanal, ist Gold wert. Wie wollte wohl hier und auch später auf der Wolga jemand ohne Kenntnis der Bestimmungen klarkommen, da es Engstellen gibt, Seilfähren, Strecken, auf denen Hörbereitschaft auf UKW Pflicht ist? Und Russisch können muß man auch, denn Kraftstoff läßt sich nur schnorren und nicht kaufen. Ortskundige Begleiter seien jedem Nachahmer empfohlen!

Bei all der Euphorie dieser ersten zwei Tage im unbekannten Land habe ich den Dieselverbrauch nicht ständig im Auge gehabt. Sascha fragt unvermittelt, wieviel wir noch besitzen, und will dann vor ein paar Häusern, die plötzlich an Steuerbord auftauchen, vor Anker gehen, um mit dem Boot an Land zu fahren. Einen rauhen Zementsteg hat man ein Stück weit in den Fluß gebaut. Trotz der um die Pfeiler gurgelnden Flut erscheint es mir verlockender, einfach hier anzulegen. Auch jeder andere deutsche Yachtie würde dieses Manöver dem Ankern im Strom vorziehen. Aber ich muß lernen, daß so etwas hier nicht üblich ist.

»Das ist verboten! Da kann der Besitzer kommen. Wenn nun ein anderes Schiff auf den Platz will!«

Das Ankern im schnellfließenden Swir und die Fahrt mit dem Beiboot kann Probleme aufwerfen. Ein wenig ärgerlich gebe ich nach, und Alexander bekommt seinen

Willen. Nach zwei Anläufen finden wir dicht am Ufer haltenden Grund, Ruder und Schrauben schwingen deutlich vor den großen Klamotten, die im klaren Wasser zu sehen sind.

Mein Lotse wandert über den Hügel und verschwindet zwischen den Häusern. Juri geht am Ufer auf und ab und stochert gedankenverloren mit den Schuhspitzen im Sand; den richtigen Umgang miteinander müssen wir alle noch lernen. Als Sascha dann nach langer Zeit ohne Diesel zurückkommt, sorgen wir erst einmal für heitere Stimmung mit allerlei Flachserei über die Freundin, die er in diesem Dorf haben muß.

»Der Diesel ist doch nur ein Vorwand gewesen. Hier stoppst du doch immer, Sascha. Sollen wir bleiben für die Nacht?« Wir hieven den Anker und finden ein Stück flußauf ein Frachtschiff beim Holzladen. Nach einigem Feilschen werden achtzig Liter für umgerechnet zwanzig D-Mark erstanden. Wenn wir den Dicken nicht voll ausfahren, reicht der Vorrat erst einmal.

Von Schleuse zu Schleuse

Zweihundertzwanzig Seemeilen haben wir seit St. Petersburg nun schon abgespult. In manch ruhiger Minute hab' ich insgeheim darüber nachgedacht, wie man uns wohl behandeln wird bei der ersten Schleuse. Ich weiß schließlich, daß andere Versuche westlicher Ausländer spätestens hier scheiterten, wobei einmal Schweden, ein andermal Holländer schon bei den Brücken St. Petersburgs aufgeben mußten. Gesteigerte Pulsfrequenz ist deshalb zu vermelden und Nervosität an Bord, als Sascha möglichst unbekümmert die Nischneswirskij-Schleuse ruft. Eine helle Frauenstimme quakt dann allerlei Russisch aus dem schwarzen Kasten am Tragegurt, und Juris Gesicht hellt sich auf beim Mithören. »Karascho – Ponjo – Karascho.«

Das heißt *in Ordnung* oder *gut* und *habe verstanden.* Sascha verbeugt sich direkt beim Sprechen und macht zugleich eine Handbewegung, die »voll voraus« bedeutet. Da habe ich nun Untersuchung, Kontrolle der Papiere, lange Zeit an der Wartepier und sogar Zurückweisung befürchtet! Aber die Schleuse zeigt Grün. Wir laufen mit flotter Fahrt in einen so spät am Abend dunklen Schacht aus Beton und hören ein dumpfes »Wumm« des sofort schließenden Tores hinter uns, kaum daß wir eine Trosse festgemacht haben. Die beiden Russen sind sich über das Leinenmanöver nicht ganz einig. Mit einer klaren Anweisung, wie ich das Ende belegt haben will, greife ich ein. Da geht es auch schon wie im Fahrstuhl nach oben! Elf Meter hebt man uns in wenigen Minuten, und das in die Wand eingelassene Wunderding von Poller rutscht mit in die Höhe. Man erzähle mir noch mal was von rückständiger russischer Technik! Oben erwartet uns nicht nur eine herrliche Aussicht über den abendlich dunklen Wald und das Tal hinter uns, sondern auch eine hübsche junge Frau mit lustigen Augen. Die Gute trägt ihr dunkles Haar der Mode entsprechend kurzgeschnitten, hat ein kluges Gesicht und hat mit Sascha allerlei zu scherzen und zu lachen. Der *Clown* scheint der Dame ganz offenkundig zu gefallen. Doch wir müssen leider schnell auslaufen, weil ein Frachter abwärts will. Ende des Flirts.

»Ist das alles? Kein Zertifikat! Keine Gebühr! Rein gar nichts? Einfach so durch? Wie machst du das, Sascha?«

Ungläubig frage ich ein ums andere Mal. Und mit einem unbeschreiblich spitzbübischen Ausdruck sagt

der Schlingel ein einziges englisches Wort: »Women!«
Erst hinter einer Biegung des Fahrwassers zeige ich offen meine ganze Freude.

Totale Einsamkeit nun wieder zwischen bewaldeten Ufern! Vom kurvenreichen Fahrwasser zweigen schmale Einschnitte ab, in denen zuweilen große Fische springen. Am Rande der bestens ausgetonnten Fahrstraße verlocken Buchten und ruhige Fleckchen, wo große Greifvögel lautlos von Wipfel zu Wipfel streichen. Ich spüre, daß meine Mannen müde sind, und kann den Freunden nach einigem Zureden und gegen anfänglichen Widerstand doch Ankern für die Nacht aufschwatzen. Eine ruhige Ecke suchen wir uns und sind begeistert über die tiefe Stille um uns her, als die Maschinen endlich schweigen. Ganz ruhig liegt das große Schiff vor einem dichten Mischwald, in dem Bären, Elche und Wölfe hausen. Ein Drink bietet sich an vor dem Schlafengehen und zur Feier der ersten Schleuse. Wir sitzen an Deck herum, schlagen nach den Mücken und knabbern Salzgebäck. Sind wir wirklich mitten in Rußland?

Dann wird der Kat zur Tribüne, weil ein Frachter sich verfährt und, vom Kurs abkommend, nicht weit von uns mit vollem Speed auf Grund läuft. Und noch heute glaube ich, daß der Steuermann durch den ankernden *Clown* abgelenkt wurde, oder daß der Gute meinte, wo die Yacht liege, müsse das Fahrwasser sein. Lange arbeitet das abgeladene Schiff mit »voll zurück« und »voll voraus«, stört ein wenig mit dem Geräusch seiner Schrauben und wühlt sich endlich doch frei.

»Gute Reise und gute Nacht. War ein langer Tag, Freunde.« Später sehe ich im Traum das Mädchen von der Schleuse noch einmal, mit ihren kurzgeschnittenen dunklen Haaren. Lachend sagt sie mir etwas, das ich

54

nicht verstehen kann, ist lustig und hat blitzende weiße Zähne. Als ich wach werde, rüttelt Renate an mir herum und sagt, daß die Sonne aufgeht.

Weil wir allesamt erst nach Mitternacht zur Koje kamen, lasse ich die Gefährten noch etwas schlafen, um den friedlichen Morgen im Wald zu genießen. Vogelgezwitscher ist zu hören und ein Kuckuck irgendwo. Tautropfen blitzen funkelnd auf im Sonnenlicht, und ein großer Vogel streicht niedrig vorbei. Als wir um sechs, die Sonne steht schon hoch am Himmel, den Anker hieven, muß ich an unsere vielen Urlaube in Schweden und Finnland denken. Wie unbeschwert könnte man auch diesen herrlichen Flecken Erde genießen, hätten nicht unfähige oder machthungrige Politiker derart komplizierte Verhältnisse geschaffen.

Irgendwann an diesem Vormittag ergibt es sich, daß ich mit Juri zusammen vorne sitze, wo das Geräusch der Maschine nicht so laut und störend ist. Begeistert äußere ich mich über die Schönheit seines Vaterlandes, doch Juri ignoriert das Lob und sagt sehr nachdenklich, daß er sich Sorgen mache um den Fortgang der Reise.

»Diese erste Schleuse war nur der Anfang. So vieles kann noch passieren. Vielleicht beginnt irgendwann irgend jemand nachzudenken. Das Schiff bleibt deutsch, auch wenn es eine russische Flagge hat.«

Ein wenig erinnert mich die Unterhaltung an das Gespräch mit Boris. Und auch Juri fragt sich, wie wir wohl durchkommen werden. Doch als wir zwei Stunden später zufällig wieder allein sind, relativiert er seine Bedenken.

»Vielleicht hast du Glück! Du wirkst wie jemand, der häufig Glück hat. Versuch es einfach!«

Weiter geht's den Fluß hinauf zur oberen Swirschleuse. Irgendwo muß ein militärisches Manöver stattfinden, denn von einer der Brücken sehen viele Soldaten herunter auf das seltsame Fahrzeug mit den zwei Rümpfen. »Ob Mehrrumpfboote in Rußland bekannt sind?« Gleich nachdem mir die Frage durch den Kopf geht, ärgere ich mich über meinen Dünkel. Die Russen kamen mit schnellen Tragflügelbooten und Kats doch schon nach Deutschland, als man dort den Begriff »Katamaran« und »Trimaran« noch mühsam erklären mußte. Schnelle Tragflügelboote mit vielen Passagieren sind hier nun schon ein gewohnter Anblick. Und bei uns hat man immer noch nicht erkannt, welche Möglichkeiten unsere Flüsse und Kanäle angesichts verstopfter Straßen bieten. Eben passieren wir eine Anlegestelle an Backbord, fahren weiter durch bewaldete Hügel und sichten Häuser zu beiden Seiten des Ufers. Dann kommt hinter einer letzten Biegung die nächste Schleusenanlage in Sicht, vor der ankernd mehrere Berufsschiffe warten. Sascha telefoniert. Wir sollen hörbereit bleiben.

Für die Matrosen auf den Ankerliegern sind wir offenkundig ein normaler Anblick, was ein wenig Mut macht. Wir fahren Kreise und treten unter Maschine auf der Stelle. Ich lasse die beiden Russen ein wenig mit den Fahrhebeln spielen, damit sie mit dem Verhalten des Schiffes vertrauter werden. Möglicherweise verstehen die Jungs dann auch meine Manöver und die Sachzwänge beim »handeln« des Kats besser. Dann sehe ich eine sehr alte Frau beim Wäschewaschen am Fluß. Gummistiefel trägt das krumme Weiblein und einen Kittel aus geblümtem Stoff, wirkt schmal in den Schultern und lahm im Kreuz. Wie vertraut ist dieser Anblick aus Kindertagen, da der wöchentliche Waschtag um vier Uhr morgens mit dem Anheizen des Kessels begann. Wrasen überm Zementfußboden und viel fließendes

Wasser . . . Der Geruch von Kernseife und das Auswringen mit der Hand fallen mir ein. Schemel und Tische aus dicken Bohlen gab es, und irgendwas wurde mit dunkelblauem Zeug gemacht, Bleichen vielleicht. Diese alte Frau steht in der schwachen Strömung am flachen Ufer und spült, gleicht jenen, die ich in Marokko sah oder in Indien, in Honduras oder Hongkong. Man sollte ein Lied schreiben über alle die Mütter dieser Erde, über Plackerei, geopferte Söhne und noch so vieles mehr!

Gequake aus der Funke schallt über Deck. Wir sollen kommen! Hinter *Wolgoneft 217* läuft der *Clown* langsam an. Sascha und Juri müssen über Katmanöver noch viel lernen! Wenn bloß das Schraubenwasser des Frachters direkt vor den Steven nicht wäre. Unser vorne überstehender Mast knallt gegen die Schleusenmauer, als ich schräg verwirbelt Gas geben muß. Ganz nahe dann am Schwimmpoller fallen mir etliche Steine vom Herzen, aber Sascha läßt sich Zeit.

»Das ist doch zum Mäusemelken! Hängt doch endlich über die Leine! Verflucht noch mal!«

Hab ich jetzt laut gedacht? Juri bedeutet mir mit den Fingern vor den Lippen, daß ich schweigen soll. Das vorne hochstehende Rohr des Mastenkrans kratzt am Beton und wirkt als Fender. Ein Filmdokument dieses Manövers wäre wirklich kein Ruhmesblatt; das Team muß noch viel üben. Aber jetzt geht's im Fahrstuhltempo nach oben und dann das Tor sofort auf. Der *Wolgoneft* vor uns gibt Gas und wird doch tatsächlich vom Schleusenmeister ausgeschimpft. Beim nächsten Mal soll er auf die Yacht hinter seinem Heck mehr Rücksicht nehmen. Der Mann hat Ahnung!

Herrliches Sommerwetter weiterhin! Welch ein Kurs durch ein gottbegnadetes Land. Zeit zum Verweilen müßte man haben. Aber gleich drei Maschinen sorgen für flotte Fahrt. Zur Feier der glücklich bewältigten zweiten Schleuse gibt es Drinks vor dem Essen. Ein Angler im kleinen Boot wird gerade in dem Moment nahebei passiert, als die Mischung aus Wodka und Apfelsaft besonders verlockend in der Sonne funkelt. Was mag der arme Mann in der abgewetzten Jacke, die er zum Fischen trägt, wohl denken? Wir servieren weitgereiste Ananas als Nachtisch und Käse zum Abschluß. Ich frage Sascha, ob am Ufer Heidelbeeren wachsen.

Später ziehen Regenschauer über die bewaldeten Höhen, verdecken die vielen Buchten und Einschnitte seitab mit wandernden Schleiern. Dieser Abschnitt des Törns ist nicht mehr Flußfahrt im eigentlichen Sinne, sondern eine Reise durch nordische Schärenlandschaften. In solch steinigen Gewässern war Sorgfalt bei der Navigation schon immer wichtig. Alexander wirkt hellwach und gibt sich Mühe, damit wir nicht eine verborgene Klippe treffen. Ich bin zufrieden mit meinen Russen und schnacke mit Klein, der auch meint, wir hätten mit den beiden einen guten Fang gemacht. Wären wir allein so schnell so weit vorangekommen? Der Onegasee schon voraus! Hundertneunzehn Seemeilen Swir haben wir mal eben abgespult.

Während der Nacht reisen wir am Westufer des Onegasees entlang nach Norden. Nach Sicht navigierend und ständig lotend steuern wir, ohne eine Seekarte zu besitzen, ins Ungewisse. Tollkühnheit? Die alten Entdecker mußten sich auch auf ihre fünf Sinne verlassen. Der Abstecher nach Petrosawodsk war zwar vorgesehen, aber die Atlanten für die Wasserstraßen nach Süden zeigen nicht den Nordteil des Sees. Es gelang uns nicht, Unterlagen zu organisieren, und also fahren wir nach einer von Juri besorgten Bleistiftskizze, auf der nichts als Kurs und Distanz vermerkt sind. Ungelenk eingezeichnet ist noch östlich der Hafeneinfahrt ein nach Süden reichender Schärengürtel mit Untiefen. Beratung mit Klein und Risikoabschätzung! Wenn wir aufbrummen, sehen wir beide alt aus. Und was würde wohl mein Versicherer Pantaenius zu so einem Narrenstück sagen? An den alten Platzöder muß ich denken, meinen Klassenlehrer beim Kapitänspatent. Bei kritischen Entscheidungen und Manövern sollten wir uns immer fragen, wie wohl das Seeamt den Fall beurteilen würde. Guter Wilhelm Platzöder! Guter Rat, der richtig und wichtig ist. Ich möchte dennoch zur Hauptstadt Kareliens, wo Juris Vater wohnt. Und mein Freund Klein beruhigt mich. Kein Nebel und klares Wasser »mit Bodensicht«. Kein Sturm zu erwarten. Die digitalen Anzeigen der Lote glimmen rötlich vor sich hin. Auf dieser Reise gelten eben ganz andere Regeln, nichts Hergebrachtes zählt. Weiter so!

In den sehr frühen Morgenstunden des nächsten Tages komme ich an Deck und staune über den roten Himmel. Was für herrliche Farben! Sascha zeigt mir sofort das vermeintliche Ziel voraus, und ich erkenne seinen Irrtum auf Anhieb. Petrosawodsk liegt unverkennbar an Steuerbord, das ist überhaupt keine Frage. Autoritär und bestimmt befehle ich den richtigen Kurs und genieße später den Triumph nur heimlich, als der Gute seinen Irrtum zerknirscht eingestehen muß. Wieder mal gewonnen! Die Anerkennung ist wichtig, denn auf jedem Abenteuertörn ist eine Menge Psychologie im Spiel.

Petrosawodsk liegt in der Sonne gebadet. Eine gepflegte Großstadt sehen wir vor den Steven während der letzten Meilen über den See. Tragflügelboote, weißgestrichene Ausflugsdampfer und Fähren liegen an der hübschen Passagierpier. Viele Grünanlagen und Parks lockern die Häuserfront auf, und die Promenade am See ist baumbestanden. Ein Vergnügungspark ist am Riesenrad zu erkennen, das so früh am Morgen natürlich noch stillsteht.

»Schau mal! Dies soll Rußland sein?«

Wir drei Deutschen wundern uns immer wieder, zeigen Juri unsere Freude, ist er doch hier geboren und aufgewachsen. Dann fällt der Anker im kristallklaren Wasser auf sandigen Grund.

Herzlicher Empfang im Petrosawodsk

Sascha weiß wenig über meine Verbindungen zur Familie Voskoboinikov. Als das graugestrichene und amtlich aussehende Bereisungsboot von Juris Vater auf uns zuhält, ist die Annäherung für meinen Lotsen zunächst mal zum Fürchten. Ich dagegen freue mich beim Anblick des guten Mannes an Deck, den ich sofort erkenne. Wir winken uns zu, lächeln uns an übers Wasser und signalisieren mit den Händen.

»Ankerhieven! Im Kielwasser folgen! Ihr könnt an meinem Platz festmachen.«

Und wieder einmal habe ich Gelegenheit, über die Zwiespältigkeit der zerrissenen russischen Seele zu staunen. Als unser Anker hoch ist, will ich direkt zur Pier halten, wobei Sascha bei meinem Kurs ein unbeschreiblicher Schreck in die Glieder fährt.

»Kielwasser folgen!«

Der Schipper der Dienstbarkasse hat dies auch auf UKW durchgegeben. Eine freundliche Aufforderung, eine nette Geste von V. senior, nicht mehr. Und allen Ernstes denkt mein Lotse, ich müsse nun den weiten Bogen auf der Wasseroberfläche quasi nachzeichnen! Was hat man diesen Menschen bloß angetan über viele Jahrzehnte, daß Staatsmacht so furchteinflößend auf sie wirkt! Andererseits wird derselbe Mann, sollte sich die Gelegenheit dazu bieten, Recht und Gesetz völlig unbekümmert ignorieren. Vielleicht hab' ich auch nur gut reden, weil mir die Sterne günstiger standen. Aber nun wird endlich festgemacht. Kapitän Voskoboinikov und der Schipper des *Clown* fallen sich in die Arme.

Abends sind wir alle zu Juris Eltern eingeladen, und die Besatzung des *Clown* plus Familie Voskoboinikov füllen das Wohnzimmer bis auf den letzten Platz. Eine schon beim Eintreffen überladene Tafel signalisiert, daß ein großes Freßfest geplant ist. Konversation betreiben wir per Zeichensprache und englischen und russischen Brocken lautstark hin und her. Zuweilen müssen Wörterbücher weiterhelfen, und gleich zu Beginn trinken wir ein paar kräftige »appetizer«. Juris warmherzige Mutter wirbelt zwischendurch dauernd in die Küche, bei deren Anblick ich mich später staunend frage, wo die Unmengen an Speisen wohl vorbereitet und zurechtgestellt wurden. Immer wieder gibt es Trinksprüche, sogar Renate beteiligt sich. Lockerer könnte die Atmosphäre nicht sein.

Nur gelegentlich setzen die Männer etwas ernstere Gesichter auf, wenn ich mit Juris Vater auf die Fortsetzung der Reise zu sprechen komme. Der Gute ist weit oben in der Hierarchie der Wasserstraßenverwaltung einzuordnen, und eigentlich dürfte er von unserem Abenteuer gar nichts wissen. Frühzeitig eingeweiht und von mir bekniet, hat er sich bis zum Schluß um eine offizielle Genehmigung bemüht. Zu gerne wäre ich schließlich unter Schwarz-Rot-Gold gereist. Dieser »zweite« Weg behagt dem korrekten Beamten nicht, und dennoch möchte er mir, unserer langen Freundschaft wegen, nicht die Suppe versalzen. In seiner Gewissensnot ist er nun auf die Idee verfallen, den *Clown* an Deck eines Frachters verladen zu wollen. Eine solche Art der Durchquerung wäre natürlich nur ein Teilerfolg für mich und ist deshalb mit allen Mitteln zu verhindern. Weil wir fürs erste nicht weiterkommen, beschließen wir, über dieses Thema am nächsten Tag in Ruhe zu reden. Heute soll ein Wiedersehen gefeiert werden.

Für den nächsten Tag ist ein Ausflug zur berühmten Kirche auf Kischi geplant. Vater Voskoboinikov kommt mit der ganzen Familie an Bord seines Bereisungsbootes längsseits, um uns abzuholen. Wir schleppen Proviant von Bord zu Bord und viele Getränke, dann will ich vor dem Ablegen noch eine Runde Eiscreme für alle ausgeben. Mit Juri als Träger rotiere ich zwischen den verschiedenen Kiosken und habe Schwierigkeiten, einen großen Rubelschein gewechselt zu bekommen. Erste Einblicke in die allmähliche Umstellung auf die Marktwirtschaft werden mir dabei zuteil; das Personal muß noch viel lernen. Am Ende bekommt doch jeder eine riesige Waffel in die Hand gedrückt und Enkel Anton sogar zwei. Ablegen! Tschüs, du schnell kleiner werdender *Clown*!

Tragflügelboote flitzen über den im Sonnenschein liegenden See, wir überholen Ausflugsdampfer und begegnen mehreren Yachten. Im Park drehen sich Riesenrad und Karussell, und überm Kielwasser verweht Musik. Ich gehe ins Ruderhaus, wo ein pensionierter Kapitän der Hamburg-Amerika-Linie zum Vergnügen ein russisches Bereisungsboot steuert. Ein paar Schritte achteraus im Betriebsgang sitzt Renate am Tisch neben der kleinen Pantry mit den Frauen zusammen. Ihre paar Brocken Russisch von der Volkshochschule müssen lustig sein, denn Oma V. lacht Tränen und nimmt ein neues Blatt vom Kartenspiel. Wir sind das Volk! Ganz laut ist dieser Satz in mir. Alle friedlichen Menschen dieser Erde sind ein Volk.

Welch reizvolle Schärenlandschaft durchpflügt der graue Steven der *Schiprinzev*! Weiße Wolkenschiffe spiegeln sich in stillen Buchten zwischen dem Schilf. Die Hecksee läuft klatschend auf kiesige Ufer, macht Anglern nasse Füße und läßt Ausflügler in offenen Speedbooten schaukeln. Allerlei Naschereien gibt es aus den vielen Körben und Tüten, die mit auf die Reise gingen. Eine letzte Biegung im Gewirr der Inseln dann, und plötzlich ist die große Kirche aus Holz ganz nah. Kischi war einmal der religiöse und wirtschaftliche Mittelpunkt der Gegend. Die Handwerker aus dieser Gegend waren in ganz Rußland berühmt für ihr Geschick, bauten ohne Verwendung von Nägeln oder Eisen. Ich höre Juris Erklärungen zu und betrachte die vielen Türme und Kuppeln voller Bewunderung. Wie schwer würde dieses Bauwerk lasten, wenn man es aus Stein gefertigt hätte. Mit einer goldenen Axt geschaffen, ohne anderes Werkzeug! Während wir uns weiter nähern, nennt Juri Zahlen und erzählt, was die Menschen hier zum Scherz so reden. Wenn heutzutage Boote der Regierung vor Kischi mal Proben nehmen, peilen oder seismographische Messungen ausführen, dann sagen die Leute, daß man die goldene Axt des Erbauers von Kischi suche. Denn es geht die Sage, daß der Mann das Gerät nach Fertigstellung der Kirche in hohem Bogen in den See geschleudert haben soll. Da ist die *Schiprinzev* am Anleger. Stopp Maschine. Landgang für alle! Enkel Anton hüpft über die Wiesen, und wir Erwachsenen folgen in loser Ordnung.

Ein ganzes Museumsdorf ist in der Umgebung der

Kirche aufgebaut, aber leider sind die meisten Exponate verschlossen. Also unternehmen wir einen langen Fußmarsch über die sanften Hügel der großen Insel, genießen wechselnde Ausblicke auf eine ostholsteinisch anmutende Landschaft. In einem weiten Linksbogen geht es irgendwann zurück zum Schiff, und Renate fragt, wie viele Kilometer wir wohl zurückgelegt haben. Seit Kiel ist die Besatzung des *Clown* nicht mehr so lange am Stück gelaufen, und sogar der sonst unermüdliche Sascha zeigt Wirkung. Willkommener Abschluß deshalb das Picknick vor dem Einschiffen. Allerlei Fischiges aus der Gegend haben die V.s besorgt, und die Proviantlast des *Clown* gab ihr Bestes. Der kleine Anton genießt die x-te Coca-Cola und gewinnt den Wettbewerb in Löwenzahnstengelblasen. Fast kommt's mir vor wie Kindheit im Harz, wo Familie Engel an jedem Wochenende einen Ausflug machte. Am Ende mahnt Vater Voskoboinikov zu eiligem Aufbruch, denn der Schipper seiner Barkasse hat ein Recht auf ganz normalen Feierabend.

Ob die Sorge um uns ihn treibt oder pflichtgemäßes Ermessen, das sei dahingestellt. Am nächsten Tag versucht Juris Vater erneut, mir die Idee mit der Verladung an Deck zu verkaufen. Ich habe mich nach Rücksprache mit meinen Gefährten mittlerweile entschlossen, daß ich diese Lösung auf keinen Fall akzeptieren werde. Den *Clown* als Fracht durch Rußland verschiffen wie einen Sack Kartoffeln, eine Kiste mit Maschinen oder andere Kaufmannsgüter, das kann schließlich ein jeder! Wenn schon nicht unter Schwarz-Rot-Gold mit Sondergenehmigung, dann wenigstens auf eigenen Kielen. Aber um zunächst mal den Freund zu beruhigen, lasse ich mich zum Schein auf den Vorschlag ein. Wir bereden das Gewicht des Kats, die nötige Ausladung des Krans, zeichnen Balkenkonstruktionen als Lagerbock. Vater

V.s gewaltige Erleichterung läßt erkennen, wieviel Sorge der Mann sich gemacht haben muß. Derweil telefoniert Sascha mit Tatjana in St. Petersburg, die wegen dieser neuen Entwicklung in höchste Alarmbereitschaft versetzt ist und mich sofort sprechen will. Schließlich haben wir in den zweiten Weg auf einer anderen Schiene eine Menge investiert. Erst als ich ihr überzeugend klarmachen kann, daß es sich hier in Petrosawodsk um reine Spiegelfechtereien handelt, sie versteht das deutsche Wort sogleich, ist die Freundin ein wenig beruhigt.

»Mit Mut und Zuversicht, liebe Tatjana, werden wir unseren Kurs gen Jalta steuern. Verlaß dich drauf! Du weißt doch, wie wichtig mir diese Reise ist.«

Mit Mut und Zuversicht! Diese schöne Aussage versichern wir uns wie ein Programm etliche Male. Am Ende verspricht die tapfere Frau, uns in einigen Tagen in Tscherepowez zu besuchen. Dort am Rybinsker Stausee wird Juri uns verlassen, wie es von vornherein geplant war. Weil sich aber herausgestellt hat, daß Saschas Deutsch- und Englischkenntnisse wirklich nicht ausreichen, wird Tatjana jemanden mitbringen, der für den Rest der Reise dolmetschen soll.

Tscherepowez. Nach dem Telefonat mit Tatjana blättere ich im Atlas und bespreche mit Sascha und Juri die Route über den See. Herrn V. senior beruhigen wir mit der Erklärung, auch dort noch verladen zu können, wenn alle Stränge reißen. Überzeugt ist der Mann natürlich nicht, aber begriffen hat er auch, daß an meinem festen Entschluß nicht zu rütteln ist. So gibt er uns Tips, nennt uns wichtige Namen, denn jetzt wird es ernst. Der Wolga-Baltische-Kanal ist das Hindernis schlechthin. Wenn wir die vielen Schleusen dieser wichtigen Verbindung packen, wenn wir erst einmal die Wolga zu fassen bekommen, dann ist die Expedition *Clown* nicht nur geographisch ein ganzes Stück weiter, dann haben wir auch außerhalb von Vater V.s Verwaltungsbezirk und Einflußsphäre gesiegt. Die schönen Urlaubstage gehen zu Ende. Renate ist nicht mehr unbekümmert, und Klein macht ein sorgenvolles Gesicht. Mit Mut und Zuversicht, so hieß doch unser Motto, bestimme ich Tag und Stunde der Abreise.

Ein Abschied voller Sorge

Juri schleppt große Mengen Grünzeug aus dem eigenen Garten und Obst vom Markt heran, seine Mutter packt Freßpakete und plündert ihre Bestände an selbstgemachter Marmelade. Wir »besorgen« Diesel. Eine schnelle Abfahrt ist schon Routine, denn ein kurzer Abschied hat sich bewährt, um Fluten von Tränen zu vermeiden. Nach den schönen Tagen in Petrosawodsk lasse ich Freunde zurück, deren Gedanken uns in tiefer Sorge begleiten werden. Wenn bloß die nagende Ungewißheit über den Ausgang des Abenteuers nicht wäre. Der strahlend schöne Tag auf dem nur leicht gekräuselten See würde unter anderen Umständen unbeschwerten Urlaubsspaß garantieren. Wiederum ohne Karte steuern wir dann direkten Kurs mitten über den Onegasee. Breite und Länge des Zielorts brachte Tausendsassa Sascha auf einem Zettel an, außerdem eine Bleistiftskizze mit Kurs und Distanz. Das »GPS«-Gerät bekommt die Koordinaten und empfiehlt dieselbe Richtung. Klein und ich kennen die großen Seen Nordamerikas. Luftspiegelungen wie auf den »great lakes«. Wir reden über die Ähnlichkeit der Landschaft und daß in etwa auch die geographische Breite übereinstimmen muß. Wie mit unseren Berufsschiffen auf dem Weg nach Chicago nehmen wir Frischwasser aus dem See. Dann brummen drei Maschinen ruhig vor sich hin, und Renate wäscht, was so anfällt. Alles geht seinen gewohnten Gang.

Abends um zehn steht die Sonne ziemlich im Norden noch etwa zwanzig Grad über der Kimm. Der Abendfrieden bringt uns Flaute auf dem Onegasee. Nachdem das leichte Gekräusel von der ohnehin nur schwachen Brise verschwunden ist, wird der See zu einem gigantischen Spiegel. Die riesige Wasserfläche, die wenigen Wolken und der jetzt weißliche Himmel wirken ergreifend schön. Wie herrlich dieses Land, da sind wir alle uns wieder einig. Als müsse er seine Gefühle hinter Aktivitäten verstecken, beginnt Sascha zu peilen. Wir nähern uns der Einfahrt zum Kanal. »Dreiundzwanzig fünfundvierzig passieren Ansteuerungstonne. Um null Uhr fünfundzwanzig Molenkopf quer.« Das Schiffstagebuch führe ich sehr genau.

Der *Clown* läuft jetzt an einer niedrigen steinernen Mole entlang in die Einfahrt. Der Onegasee bleibt im Kielwasser und wird auf ewig unvergessen sein. Angler sitzen trotz der späten Stunde am Ufer und wirken völlig unbeteiligt, so als sei der große Kat das normalste von der Welt. Überall brennen kleine Feuer, deren weißer Rauch senkrecht nach oben steigt.

»Gegen die Mücken. Wir kriegen gleich eine Invasion.«

Während Juri mir den Sinn der Qualmerei erklärt, sind die Biester auch auf dem Wasser schon in Schwärmen da. Flaches Land und Sümpfe mit Entwässerungsgräben als ideale Brutstätten sehen wir zu beiden Seiten, ebenso treibende riesige Inseln aus Pflanzen und Gras. Im starken Gegenstrom poltert allerlei Holz bis zur Größe von Baumstämmen gegen die Steven. Dämmerung hat jetzt endlich doch eingesetzt, und mühsam versuche ich, den schlimmsten Stücken auszuweichen. Während meiner wilden Schlangenlinien tanzen mir allerlei Befürchtungen im Kopf herum.

»Kühlwassereintritt verstopft! Schraube verbogen! Löcher im Rumpf! Ruder beschädigt! Schwert gedetscht!«

Als wollten mir meine Schutzengel verklickern, daß man im Fahrwasser nicht ankern kann, kommen zwei Frachter vorbei und benötigen in einer Biegung kursändernd fast die ganze Breite der Rinne. Tief abgeladen führen die Schiffe ein schlammig brodelndes Wellental mit sich, in dem ein Baumstamm sichtbar ist. Dann ist im letzten Büchsenlicht ein schiffbarer Seitenarm zu erkennen, und als sei ich hier zu Hause, als hätte ich unzählige Male in dieses Loch gehalten, steuere ich mit voller Fahrt weg vom Hauptfahrwasser. Beide Lote laufen, meine Russen sagen, von der Zielstrebigkeit beeindruckt, kein Wort; Klein macht den Anker klar. »Stoppt Maschine« und »voll zurück«. Als der *Clown* ruhig liegt, flüchten wir sofort vor Wolken von Mücken unter Deck und versuchen hastig, alle Ritzen abzudichten. Erst danach bekommt Juri seine Geschenke und freundliches Getätschel noch dazu. Der Gute hat Geburtstag und wird dreiunddreißig heute. So jung möchten wir anderen auch noch einmal sein.

Später liegt Renate auf dem Rücken und schnarcht zum Gotterbarmen laut. Ich kann nicht einschlafen, weil meine Frau sogar die Schotten flattern läßt. Ein paar Mücken, die unsere trickreichen Absperrungen überwunden haben, sirren umher. Mein Körper reagiert immer noch alarmiert, weil ich so lange in den Tropen war.

Vor der Einfahrt zu unserem Graben muß starker Berufsverkehr herrschen, denn in der Ferne ist das Wummern großer Diesel zu hören, und wenn abgeladene

Schiffe das Wasser mitsaugen, zerrt der Kat an seiner Kette. Unruhig wegen der bevorstehenden Entscheidung döse ich ein wenig ein und werde wach, als besonders lautes Maschinengeräusch näher zu kommen scheint. Raus an Deck! Es ist schon wieder hell, und ein riesiger Schleppzug mit zwei Kähnen und hoher Holzdeckslast müht sich stromauf.

»Reise, reise!«

Diesen Weckruf aller deutschen Seeleute verstehen mittlerweile auch meine Russen schon.

»Reise, reise! Ankerhieven! Morgenstund hat Gold im Mund!« Vor der Schleuse Nummer eins soll sich nun endlich zeigen, ob die Reise nach Jalta geht oder ob die goldenen Kuppeln von St. Petersburg den *Clown* noch einmal wiedersehen.

Sascha müht sich mit dem Walkie-talkie ab und bekommt keine Verbindung. Juri wechselt Batterien und versucht ebenfalls, den »dispatcher« zu einer Antwort zu bewegen, aber mit Yachta *Clown* will niemand sprechen. Vor der Anlage dient eine lange Reihe von Zementinseln mit gußeisernen Pollern darauf als Wartepier. Weil eine Kammer gerade entwässert, läuft starker Strom, macht dieses Festmachen zwischen den für große Berufsschiffe gedachten rauhen Klötzen zu einem haarsträubenden Alptraum. Sascha versteht meine Anweisungen nicht, und Juri hat als Berufsseemann wenig Ahnung. Fast fahre ich mir mit einem Gewaltmanöver den Mast vom Deck, und an Bord herrscht »Zustand«, wie die Segler so etwas nennen. Welch ein vielversprechender Beginn dieses alles entscheidenden Tages!

Als wir das Boot endlich einigermaßen sicher vertäut haben, läuft ein Baltiski mit hoher Fahrt aus der Schleuse und reißt uns fast mit. Ärgerlich frage ich meine ratlosen Russen, wie es nun weitergehen soll, ob wir hier etwa auf den nächsten Winter warten wollen. Dann schicke ich Sascha über die Wiesen und durch den Wald zum Schleusenmeister. Nach einiger Zeit kommt der Mann unverrichteter Dinge unbegreiflich langsam zurück und behauptet, daß die Tür verschlossen ist. Dabei sieht das Personal uns doch ganz deutlich! Wir liegen fast in Rufweite des Kommandostandes. Ich schicke Juri los. Er soll flexibel reagieren und versuchen, mit Druck oder Dollars irgend etwas zu erreichen. Als er zurückkommt, hat er einen Zettel dabei mit der Adresse der Kanalverwaltung. Das Büro öffnet um acht. Ein Stück abwärts sollen wir motoren, und im Hafenpriel der nahen Stadt, deren Gebäude und Kräne wir sehen können, müssen wir anbinden.

Nach kurzer Fahrt finden wir in dem langgezogenen Hafenpriel einen verrosteten Leichter am Ufer, und dorthin zieht's meine ortskundigen Begleiter. Auch später werde ich häufig feststellen, daß Sascha Kontakte mit Einheimischen auf ein Minimum beschränkt sehen möchte. Genau gegenüber stehen Häuser und Hütten in kleinen Gärten. Eine Straße ist zu sehen, auf der Kinder zur Schule gehen und Menschen zur Arbeit. Hausfrauen klönen mit der Nachbarin, und allerlei Hunde tollen herum. Zu gerne würde ich an einem der kleinen Holzstege anbinden und ein Wort schnacken, wie ich's gewohnt bin aus aller Herren Länder. Aber vielleicht wollen auch die Leute dort drüben mit uns nichts zu tun haben. Unsere luxuriöse Yacht, nicht von alltäglicher Bauart, muß den Menschen doch ins Auge stechen. Aber nicht ein verstohlener Blick; man beachtet uns einfach nicht. Als sollte der Eindruck, daß wir Luft sind, noch verstärkt werden, donnert dann ein riesiger Schlepper mit hoher Fahrt vorbei. Einen Schwell macht der Kerl zum Gotterbarmen, Leichter und Kat tanzen einen wilden Rock and Roll, wobei eine Vorleine bricht. Mit der Faust drohe ich zum Schlepperschipper hinauf, aber da mein Zorn schnell verraucht ist, kann ich mich über das moderne Fahrzeug wundern. Richtig gut in der Farbe und mit seinem rundum verglasten Ruderhaus könnte das viele tausend PS starke Teil sich mit jedem Ami oder Germanen messen. Der *Clown* liegt wieder ruhig an seiner Schute. Kaffeeduft wabert aus dem Backbordrumpf. Bald ist's acht, und das Büro soll öffnen.

Es gibt keine Rechtsgrundlage, die den Verkehr von Sportbooten auf den innerrussischen Wasserstraßen regelt. Diese Lücke im Gesetz und die daraus resultierenden Probleme sind kein Geheimnis, wurden in der russischen Öffentlichkeit schon diskutiert. Die Erklärung für den Mißstand ist einfach und jedermann einleuchtend. Als in der Stalinzeit die Staudämme gebaut und die Wasserstraßen geschaffen wurden, konnte sich selbstverständlich niemand vorstellen, daß auf diesen Industriekanälen eines Tages Yachten verkehren würden. Deshalb gilt nicht nur für den zeitweise unter russischer Flagge reisenden *Clown*, sondern auch für jedes stinknormale russische Boot, daß es strenggenommen nicht vorhanden ist. Diese Problematik ist mir seit langem vertraut und die gängige Praxis ebenso. Ein Sportschiffer hat den Behörden gegenüber keinerlei Anspruch und besitzt keine Rechte. Man wird geduldet und »per Gelegenheit« mitgeschleust. Die Berufsschiffahrt dagegen ist in drei Kategorien eingeteilt, die im wesentlichen drei unterschiedliche Tarife bedeuten. Ein Sportboot, das »ganz offiziell« verkehren wollte, müßte also den billigsten Tarif bezahlen und wäre dann selbstverständlich im Besitz aller dieser Schiffsklasse zustehenden Rechte. Weil das Prozedere viel zu teuer wäre, ist's nur eine theoretische Möglichkeit, die meiner Kenntnis nach noch niemand praktiziert hat. Dieser kurze Ausflug in die Juristerei zum besseren Verständnis des Spektakels im Büro.

Die für uns zuständige Dame hat nämlich schlechte Laune an diesem frühen Morgen. Weiß der Henker, welche Laus der Beamtin über die Leber gelaufen ist; sie mag uns nicht und räsoniert über Yachten im allgemeinen und Katamarane aus St. Petersburg im besonderen. Alexander spricht eine Menge russisch, und die pflichtschuldige Bürokratin zitiert aus ihren Vorschriften und will ultimativ wissen, ob wir den geltenden Tarif bezahlen wollen. Natürlich ließe sich solch ein Verfahren mit meinen irgendwo doch begrenzten Mitteln für die ganze Strecke bis ins Schwarze Meer nicht durchhalten. Ernste Gesichter deshalb und erregter Wortschwall auf beiden Seiten. Wir sind kurz davor, rausgeschmissen zu werden.

»Wollt ihr nun bezahlen oder nicht?«

Die Frage steht im Raum, und die Antwort wird über das Schicksal unserer Reise entscheiden. In diesem Moment aber geht die Tür auf, und ein irgendwie autoritär wirkender Mann erkundigt sich, was das Geschrei zu bedeuten habe.

»Wir sind Sportler. Wir sind Segler aus St. Petersburg. Wir wollen zur Regatta nach Wolgograd.«

Sascha setzt das hundertprozentig richtige Gesicht auf. Tausendsassa Sascha!

»Dann halten Sie doch die Herren Sportler nicht auf!«

Der Boß mustert seine Mitarbeiterin mit Strenge.

»Sagen Sie Bescheid, daß die Segler geschleust werden. Und rufen Sie auch bei den nächsten Schleusen an, daß man diese Yacht nicht aufhalten solle.«

Fügungen gibt es immer wieder. Danke, ihr Schutzengel dort droben im sonnigen Blau! Nichts wie an Bord und um die Halbinsel zum Warteplatz! Da springt auch schon die Ampel auf Grün, und das Tor ist auf! Gemeinsam mit einem Tragflächenboot und einem alten Salondampfer, der ausgerechnet *Karl Marx* heißt, geht es zügig aufwärts. Das betagte Schiff mit Häkelgardinen, Plüsch und hölzernen Relings wirkt so alt wie der ganze bürokratische Krempel aus grauer Vorzeit.

»Karl Marx, wer war das eigentlich noch?«

Es dauert nicht mehr lange, und auch junge Russen werden so etwas fragen.

In sieben Stunden klettern wir durch sechs Schleusen achtzig Meter hoch. Eine Voralpenlandschaft könnte man diese Gegend nennen, in der wir auf den kurzen Strecken zwischen den Schleusen schmucke Dörfer passieren. Ein weiter Himmel spiegelt sich im Wasser, und der waldbestandene Höhenzug voraus könnte auch im Allgäu liegen. Zu Mittag servieren wir ein mehrgängiges Festessen, weil Juri Geburtstag hat. Sherry leisten wir uns vorweg und Fruchtcocktail zum Nachtisch. Dann wieder die Routine der Bergfahrt mit ihrem Rhythmus von Wartepier, Schleuse und Wartepier. An meine vielen Reisen auf den großen Seen werde ich erinnert und die Zeit in Kanada.

Oben angekommen, befinden wir uns hundertdreiundsechzig Meter über dem Meeresspiegel und haben wiederum ein schönes Stück Rußland kennengelernt. Ein Blick zurück ins Tal. Von dort ganz unten sind wir heraufgeklettert! Dort ganz hinten ist eine vergrätzte Beamtin vielleicht immer noch sauer. Aber hat die Dame nicht doch ein wenig Recht? Eine leistungsfähige und wichtige Wasserstraße ist diese Verbindung in den Süden und kein Spielplatz für Yachten. Daß Sportboote hier in Zukunft dennoch vermehrt kommen werden, dessen bin ich gewiß, und mit meinem Freund spreche ich darüber, daß hier vielleicht schon bald ein Verband der Nato unterwegs sein wird zum Freundschaftsbesuch in Moskau.

Annjenski Most passieren wir gegen Abend, eine Stadt mit zwei Pontonbrücken. Nach den Außenbezirken folgt wieder Kanalfahrt durch Mischwald, und ganz selten nur sehen wir eine Hütte oder ein kleineres Haus. Wie menschenleer ist dieses weite Land! Wie beruhigend der windstille Abend über den sanften Hügeln! Zuweilen wirkt der Lärm der Diesel doch recht störend, und Gedanken an einen ruhigen Platz für die Nacht kommen auf. Auf der Suche nach Buchten und Seitenfahrwassern studiere ich die Karte, entdecke auch ein paar Plätze, aber unsere Unterlagen sind nicht auf dem neuesten Stand. Wo im Atlas noch ausreichend Tiefe verzeichnet ist, hat die Natur längst zurückerobert, was die Menschen nahmen. So finden wir umgestürzte Bäume, Sumpf und Schilf und eine längst verlandete Bucht, wo ein gut geschütztes Plätzchen zu vermuten war.

Dann sichten wir durch Zufall eine kleine Ausbuchtung, die sich eignen könnte. Ich stoppe den Dicken und lote mich mit langsamster Fahrt ins Flache und in die Nähe der Bäume. Nachdem der Anker eingedampft ist, lasse ich Sascha mit dem Beiboot eine Leine zur nächsten Birke fahren. Der Gute muß ein Stück durch den Urwald dabei, und Juri verblüfft mich, als er an den Malboro-Mann erinnert. Westliche Zigarettenwerbung und die Wasserscheide nördlich der Wolga! Die Welt ist klein geworden.

Vorbeifahrende Frachter machen auch diese Nacht ein wenig unruhig, und durch den Sog, besonders der abgeladenen Schiffe, zerrt das Boot an seiner Kette. An Deck wehrt sich Klein gegen Aberhunderte von Mücken und hört sich dabei an, als ob er tanzen würde. Beim ersten Büchsenlicht ruft dann ein Kuckuck so laut im Wald, daß die Elche sich die Ohren zuhalten. Weil ich ohnehin nicht schlafen kann, denke ich, daß ein früher Start die beste Medizin ist.

»Leine los. Hiev Anker! Hart Steuerbord!«

Die vertrauten Manöver klappen natürlich auf Anhieb, und der *Clown* geht sofort auf die Fortsetzung der Sommerreise. Aber ein böiger Nordwest bewegt jetzt die Wipfel der Bäume. Es ist kalt auf dem Wasser, der Himmel ist bedeckt, und der frühe Morgen wirkt ungemütlich. Die düstere Stimmung paßt zum ehemaligen Straflager, an dem wir nach einigen Meilen vorbeikommen. Natürlich habe ich Solschenizyn gelesen und die anderen dazu, die aus dem Gulag schrieben. Ob jemand, der die ganze Geschichte nicht kennt, hier ebenso empfindet wie ich? Mir scheint, als sei dieses Stückchen Erde immer noch verflucht, denn das Leiden Abertausender lastet schwer. Ich sehe die verlassenen Türme der Wachen, und ich denke an die Hunde, den Zaun und die eisige Kälte der schier endlosen Winter. Hitze, Hunger, Durst und Mücken plagten die Verdammten während der Sommer. Freier Gedanken und nicht konformer Ansichten wegen, weil ein Nachbar sie denunzierte oder weil der Tyrann im Kreml billige Arbeiter brauchte, stahl man ihnen die schönsten Jahre. »Fort, Yachta *Clown*, dem Weißen See entgegen!«

Vom Weißen See bis Tscherepowez

Als Stalin den Wolga-Baltischen-Kanal modernisierte, wurde der Weiße See aufgestaut. Halbversunkene Wälder sehen wir deshalb während der letzten Meilen, bevor wir das große Wasser erreichen. Bizarre Baumskelette stehen Kunstwerken gleich im Wasser. Das betonnte Fahrwasser verschwenkt um etliche anscheinend unbewohnte Inseln. Während wir kurven, sehen wir die weite Wasserfläche sich scheinbar grenzenlos nach Osten erstrecken. Dann treibt der zum Glück achterliche starke Wind uns hinaus, wir hätten sonst in Landschutz auf Abflauen warten müssen. Frachter, in beiden Richtungen unterwegs, markieren den Kurs, der zudem in engen Abständen ausgetonnt ist. Ein Schlepper mit einer Schute an langem Draht läuft mit gleichem Speed neben uns her.

Den geraden Kurs über den See können getrost auch die anderen steuern. Weil die unruhige Nacht mit den vorbeifahrenden Schiffen kaum Erholung brachte, lege ich mich nach den ersten Meilen über offenes Wasser noch mal aufs Ohr. Aber durch den Lärm unserer Diesel gestört, finde ich den erhofften Tiefschlaf dann doch nicht und gerate in einen Zustand zwischen Traum und Wachen. Neben uns hält wohl der große Schlepper in etwa unsere Geschwindigkeit, und manchmal müssen meine Freunde an der Pinne dem starken Burschen recht nahe kommen, denn das Geräusch seiner Maschine schwillt zuweilen bedrohlich an, und ich kann dann sogar das Sirren seiner Schraube hören. Und als stiege etwas auf aus den versunkenen Dörfern unter unseren Kielen oder aus der Fülle längst vergangener Bilder, werden Szenen lebendig, die mit dem Straflager hinter uns zu tun haben müssen. Ich sehe ein paar halbwüchsige Jungen am Waldesrand und einen grauhaarigen Mann in Uniform und Knobelbechern. »Das letzte Aufgebot.« So nannte der Volksmund gegen Ende des Krieges diese Alten, nachdem zu viele der jungen Soldaten schon gefallen waren an den vielen Fronten zwischen Nordkap und Afrika.

»Ist das Gewehr geladen? Haben Sie richtig scharfe Munition?« Uns Jungen interessierte der Karabiner natürlich, und bereitwillig nahm der Soldat die Waffe von der Schulter, erklärte uns Kimme und Korn, die Funktion der Sicherung und wie weit eine Kugel fliegt. Einmal das Ding in die Hand nehmen!

»Oh, so schwer! Nimm du mal, Walter! Paß auf, Fritz! Laß das Ding bloß nicht fallen, Werner!«

Als der Karabiner nichts mehr hergab, interessierten uns die Männer auf dem Acker.

Magere Gestalten rutschten dort auf den Knien herum, trugen allesamt die gleiche hell- und dunkelgestreifte, viel zu weite Kleidung, gestreifte Käppis auch auf kahlgeschorenen Köpfen.

»Müssen Sie die Leute bewachen? Sind das Verbrecher? Schießen Sie wirklich, wenn einer wegläuft?«

Bevor der Wächter antworten konnte, kam der Jäger über den Berg zur Linken. Rasant schnell lief der Angriff ab und prägte sich dennoch ein für so viele Jahrzehnte. Das Geräusch des mit hohen Touren laufenden Flugzeugmotors kann ich wieder hören und das laute Rufen der Posten. Hastig fliehen die Lagerinsassen in den Schutz der Bäume. Eine kurze Spur spritzenden Drecks wandert gar nicht weit von uns über den Rübenacker. Der Jäger kommt nach einer Runde zurück, fliegt scheinbar langsamer als beim ersten Angriff und wirkt gar nicht wie ein Feind, der töten will. So niedrig und so nah flog die graue Maschine, daß man den Piloten in seiner Kanzel deutlich sehen konnte. Einmal noch blickte der feindliche Soldat zu uns herüber und verschwand dann hinter dem Hügel, von wo er gekommen war. Langsam und irgendwie ein wenig aufrechter, so als hätten sie ihren Bewachern gegenüber Land gewonnen, gingen die Gefangenen zurück auf den Acker, um Rüben zu verziehen. Wir Jungen trollten uns.

Irgendwo war diese Szene in mir verschüttet, in der Erinnerung begraben, wie man so sagt. Erst hier auf dem Weißen See zwischen Onegasee und Wolga fiel's mir zum ersten Mal so lebendig wieder ein.

Wieder einmal baut der Starkwind beachtlichen Seegang auf. Der rege Schiffsverkehr liefert Anhaltspunkte, auch wenn die Tonnen in den Wellentälern gelegentlich verschwinden. Keine Schwierigkeit deshalb, nach neunundzwanzig Seemeilen über offenes Wasser, den Ausgang des Sees zu finden, zumal die Ruine der Kraschino-Kathedrale eine gute Landmarke zur Ansteuerung abgibt. Von versunkenen Dörfern unter unseren Kielen sprach Juri während der Überfahrt. Irgendwie symbolhaft wirken nun die Mauern der offenkundig einstmals prächtigen Kirche, die vollständig von Wasser umgeben, am Rand des Fahrwassers steht. Was der Diktator im übertragenen Sinne ebenfalls zu überfluten versuchte, das Christentum, die Freiheit des einzelnen und noch so manches Ideal dazu, wurde zwar beschädigt, blieb aber dennoch erhalten. Als gottloses Land und als Reich des Bösen wurde die UdSSR verunglimpft. Besonders während dieses Tages werden wir Kirchen und Klöster passieren, die eine ganz andere Sprache sprechen.

In dieser waldreichen Gegend, wo beiderseits unserer Route weite segelbare Wasserflächen locken, ist noch viel Platz für moderne Ferienzentren. Ich verliere mich in Phantastereien über potente Investoren, Landebahnen für Urlauberjumbos und Marinas mit großen Charterflotten. Klein dämpft die Euphorie. So mancher hat in jüngster Vergangenheit gutes Geld über die Grenze gebracht und Gewinne nicht ausführen dürfen. Renate protestiert, weil sie das schöne Land nicht verschandelt sehen will, mit Bettenburgen vollgekleistert. War ja nur ein Gedanke. Bei den kurzen Sommern rechnet's sich ohnehin nicht. In Woynjema liegen große Passagierdampfer am Anleger, die Touristen sind auf Landausflug, stehen winkend am Ufer. Ohne Schwierigkeiten kann man solche Reise in Deutschland buchen. Schade, daß wir uns »getarnt« hier durchmogeln müssen.

Kirijanov passieren wir und Gorice und bemerken auf diesem Abschnitt besonders häufig Tragflügelboote mit Ausflüglern. Ich fühle mich sehr an unsere Flußfahrt erinnert, die wir mit der *Köln-Düsseldorfer* auf Main, Rhein und Mosel unternahmen. Nur die Weinberge fehlen. Eine liebliche Gegend ist dieses Stück Land zwischen dem Weißen See und der Schleuse Nummer sieben, die wir abends erreichen. Vorher kommen wir an einer versunkenen Schleuse aus der Zarenzeit vorbei. Einundvierzig solcher Anlagen gilt es von St. Petersburg bis zur Wolga zu bewältigen, erzählt Juri. Lange reden wir über die Schiffer, die ihre Kähne mit Muskelkraft durch Rußland zogen; auch die schweren Tore wurden von Hand bewegt. Menschliche Arbeitskraft gab es im Überfluß, und sie kostete wenig.

In unsere Schnackerei platzt der Ölalarm des Backbordmotors. Habe ich der Sehenswürdigkeiten wegen die wichtigsten Geräte vernachlässigt? Während »Jan Mehr« und die Steuerbordmaschine den Kat nur unmerklich langsamer vorwärts quirlen, wechsle ich das

Öl. Hoffnungsvoll betätige ich dann den Starter, doch der Diesel springt nicht an. Ich vermute eine verstopfte Düse. Erst nachdem der Kram ausgebaut, gereinigt und wieder zusammengesetzt ist, sehe ich durch Zufall den leeren Brennstofftank. Wunder gibt es immer wieder, doch so etwas Banales dürfte mir nun wirklich nicht passieren. Eine böse Blamage ist das auch vor meinen Leuten, aber für einen hemmungslosen »Positivisten« ist es ebenso ein Zeichen des Himmels.

»Bleib wachsam Gerd! Laß nichts unterschneiden! Kümmer dich, auch wenn die Reise zeitweilig zum schönen Ausflug wird!«

Eines Tages mögen einzelne Szenen des Törns verblassen, doch die letzte Schleuse des Wolga-Baltischen-Kanals wird immer positiv in Erinnerung bleiben. Ohne die Sprache zu verstehen, habe ich mittlerweile gelernt, zumindest die Botschaft des russischen Gequakes aus dem Walkie-talkie zu deuten. Gute oder schlechte Nachricht? Die Frauenstimme, die während unserer Annäherung allerlei erzählt, klingt sympathisch. Sascha redet lachend mit der unbekannten Dame, und Juri sieht beim Mithören erleichtert aus. Bevor das Gespräch zu Ende ist, bedeuten uns beide Russen mit den Händen »voll voraus«, dann übersetzt Juri, daß wir flott anlaufen sollen. Ein Tanker aus der Gegenrichtung bedingt, daß »leer umgestellt werden muß«, wie man bei uns sagen würde. Yachta *Clown* kann quasi als Abkocher ganz allein nach unten rutschen. Riesig wirkt dann die große Kammer, als wir am Schwimmpoller hängen, und der Kat wirkt geradezu winzig.

»Abwärts, Jungs! Festhalten! Schnellgang!«

Die freundliche Dame klingt sogar auf UKW humorvoll, und so flott, als hätte sie noch ein Extrator aufgerissen, sausen wir an der glatten Mauer in die Tiefe. Sascha scherzt drahtlos immer weiter. Nach Wolgograd wollen wir und vielleicht noch nach Jalta. An Deck haben wir Blickkontakt zum verglasten Kommandostand, wir winken uns zu. Da geht auch schon das Tor auf, und der Kat reist tief unter der freundlichen Frau in den Abend. Der eigentlich vierschrötige und tapsige Bär Juri springt einer plötzlichen Eingebung folgend nach unten, greift eine Blume aus der Vase und wirft die Blüte, begleitet von einem mit den Fingern hinaufgeschickten Kuß, ins Kielwasser. Abwechselnd sehe ich nach vorn, wo der Tanker schwerbeladen anläuft, und zu der schlanken dunklen Schönheit nach oben. Lange noch blickt uns die Schleusenmeisterin hinterher und schickt ihre Träume mit auf die Reise. Zeit wünsche ich mir, einen ganzen schönen Sommer lang.

Der ausgefallene Diesel hat uns an die Brennstoffvorräte erinnert. An der nächsten Baustelle machen wir halt, um bei den Mechanikern mal auf den Busch zu klopfen. Aber die schon angerosteten Maschinen sind lange nicht benutzt und teilweise geplündert.

»Vielleicht in der Stadt. Dort hinten an der Straße ist eine Tankstelle.«

Die Leute, mit denen wir reden, wirken skeptisch, aber wir müssen alles versuchen. Also schicke ich beide Begleiter mit Kanistern und Geld über die Äcker und Wiesen und halte den Kat unter Maschine im Fluß. Hoffentlich kommt kein Inspektor vorbei, der vielleicht nicht mal Englisch kann! Klein sieht ernst aus bei dieser Vorstellung. Renate macht mir Vorwürfe, daß ich nicht einen von beiden Lotsen an Bord behielt. Dieser Ausflug dauert wirklich ewig, und irgendwann werde auch ich schon nervös. Da kommt ein Auto übers unwegsame Gelände geschaukelt, es ist grau gestrichen und sieht amtlich aus. Freund oder Feind? Meine Russen haben

Treibstoff spottbillig organisiert und den Transport zum Flußufer fast umsonst dazubekommen. Guter Sascha! Ein Stück weiter wollen wir ankern und den Abend mit einem Schluck auf seinen Erfolg beschließen. Wieder finden wir eine ruhige Bucht, die diesmal so groß ist, daß die Mücken nicht übers Wasser zu uns kommen. In der lauen Luft sitzen wir an Deck, naschen Knabberzeug, den russischen festen Salzspeck ohne Muskelfleisch und Käsehappen. Wodka und Bier gibt es auch.

Vielleicht ist die stillgelegte Großbaustelle ein paar Kilometer flußaufwärts der Auslöser für unsere Unterhaltung. Die Frage, weshalb die Wirtschaft in diesem reichen Land nicht boomt, läßt uns beim Anblick der kräftigen und arbeitsfähigen jungen Menschen einfach nicht los. Sascha meint, das System sei schuld und ein oder zwei Generationen müsse man schon warten, denn Umdenken braucht seine Zeit, und an den Schaltstellen säßen ohnehin die alten Betonköpfe. Als ich einen Satz mit »economy« beginnen will, unterbricht mich spontanes und bitteres Auflachen.

»Economy is absent at the moment!« – Wirtschaft findet zur Zeit nicht statt. Und plötzlich sprechen beide durcheinander: von Inflation, von monatelang ausgebliebenen Löhnen, von jugendlichen Heißspornen, die ein Riesenreich reformieren wollen, dabei aber Erfahrung und Wissen durch Herumexperimentieren ersetzen. Sascha war lange arbeitslos und jobt nun in der Yachtszene, Juri versucht gelegentlich, auf westlichen Schiffen zu fahren. Dann erzählt er von seinem Vater, der sich über die Jahre ein wenig Vermögen zusammensparte.

»Ein Dekret wird erlassen, und all die hart erarbeiteten Rubel sind wertlos.«

Soll ich dem Freund die Grundbegriffe der Ökonomie

beibringen und ihn vielleicht beleidigen, indem ich ihm klarmache, daß dieses vermeintlich wertvolle Geld auch vor Erlaß des Dekrets nur noch buntes Papier ohne Deckung war? Von Deutschland nach dem Krieg erzähle ich, und daß es meinen Eltern damals ganz genauso erging. Mein Vater hat durch Beschlagnahme der Siegermächte und durch die Währungsreform ziemlich bei Null wieder anfangen müssen. Aber von so einer Reform, vom Marshallplan und dem Wirtschaftswunder scheinen meine Russen wenig gehört zu haben. Bloß die Geschichte mit dem verlorenen Ersparten meines Vaters scheint den guten Juri zu beruhigen; sein Weltbild stabilisiert sich wieder.

»Wir fünf werden die Welt nicht verbessern, Leute. Es war ein langer Tag, ich denke, wir sollten mal zur Koje gehen. Ist's nicht schön, daß hier keine Mücken sind?«

Die Unterhaltung oder der Alkohol müssen beruhigt haben. Ich schlafe tief und fest in dieser Nacht.

Petrochemische Industrie ist angesagt. Lange bevor wir die Außenbezirke von Tscherepowez erreichen, signalisieren große Fabriken und großes Verkehrsaufkommen auf breiten Straßen am Fluß eine nahe Großstadt. Viele Hochhäuser sichten wir und Hunderte von Anglern in kleinen Booten. Reger Berufsschiffverkehr macht das Wasser unruhig. *Clown* wird durch die Hecksee starker Schlepper und flotter Fähren ein wenig geschüttelt. Doch die Stimmung ist gut an Bord, und die Sonne strahlt über den Dächern und läßt goldene Kuppeln blitzen und funkeln. Die Stadt voraus markiert einen wichtigen Abschnitt der Reise. Tatjana kommt zu Besuch, doch Juri wird uns verlassen und uns fehlen. Dennoch sei ihm die Heimkehr zu Frau und Kind gegönnt. Hast uns sehr geholfen, guter Freund. Wir biegen ab nach Steuerbord in einen langen Seitenarm. Eine lange Promenade entdecken wir dort mit einer steinernen Balustrade und Treppen bis ins Wasser hinein. Sascha schlägt vor, längsseits zu gehen, was natürlich glatter Quatsch ist. Bei dem Schwell im Hafen könnten wir uns niemals genügend abfendern, und schlimme Schäden würden wir uns einhandeln. Zwischen Pfählen und der Mauer binden wir das Boot mit den Hecks zur Landseite hin an. Auf diese Weise haben die Leute auf der Promenade Einblick ins Schiff, was zum Verweilen einlädt. Yachten sind hier immer noch seltene und außergewöhnliche Gäste. Eine ganze Schulklasse bestaunt gleich nach dem Festmachen den *Clown* und läßt sich von der jungen Lehrerin über Boote belehren. Wie gern wäre ich jetzt *Sposmoker* unter Schwarz-Rot-Gold gewesen! Ich hätte die Begegnung gesucht und die Kinder an Bord eingeladen.

Zwischen den Hochhäusern, die wir beim ersten Landgang durchwandern, wimmelt es von ärmlich aussehenden Menschen. In bestimmten Teilen westdeutscher Großstädte mag das Bild nicht anders sein. Dennoch sehe ich auf den Straßen im Ort auch überraschend elegante Personen. Eine schöne Frau mit modischem Haarschnitt, in Rock und Blazer gekleidet, mit hochhakkigen Pumps, als wolle sie zu einer Party, bewundere ich besonders. Eine junge Mutter mit ihrem Buben in der Sportkarre fällt mir auf. Die schwarzweiß karierte Hose, die sie trägt, würde auch bei uns Eindruck machen. Ein junger Mann schlendert lässig, aber korrekt in Anzug, schickem Hemd und Binder, trägt seinen Trenchcoat offen und sieht ganz einfach gut aus. Die meisten Leute sind schlank, wie's bei uns früher üblich war, und generell ist's wohl so, daß sich die jungen Russinnen mit ihrem Aussehen Mühe geben. Der weibliche Teil der

Bevölkerung wirkt insgesamt hübsch zurechtgemacht, wohingegen die Masse der jungen Burschen etwas gröber daherkommt.

Am Abend dieses Tages bringen wir Juri zum Bahnhof. Er wird am nächsten Morgen seine Galina und Söhnchen Anton in die Arme schließen. Das Wiedersehen mit seiner Familie mag dem Guten den Abschied versüßen, dennoch sind wir alle schrecklich traurig. Ein ums andere Mal umarmen wir uns und bekommen feuchte Augen beim letzten »Doswidanje«.

»Weißt du noch, braver Juri? Der Sturm auf dem See? Der Rums in der Schleuse Nummer vier? Das Ankern im Wald?«

So viele Meilen sind wir nun gemeinsam gereist und haben uns Erinnerungen geschaffen, die uns in ferner Zukunft noch verbinden werden.

»Glückliche Reise! Und halt dich fuchtig! Und wir schreiben ganz bestimmt. Und vergiß die Grüße nicht!«

Schweigend geht der Rest der Crew, ein Stück ärmer geworden, an Bord.

Der nächste Morgen beginnt mit Tränen. Renate hat angeblich die ganze Nacht nicht geschlafen, und das Stimmungsbarometer ist im tiefen Keller. Wieder kommen Ängste auf, die mit dem ungewissen Ausgang des Abenteuers zu tun haben. Vielleicht sieht sie auch Tatjanas Besuch als die letzte Gelegenheit, nach St. Petersburg zu entkommen und von dort nach Hause zu fliegen. Ich spende Trost und versuche, sie zu ermuntern und abzulenken. Im Radio, das meine Frau auf andere Gedanken bringen soll, ist die Deutsche Welle so ungestört und deutlich zu hören, als stände der Sender um die nächste Ecke. Aber die Nachrichten handeln vom Krieg auf dem Balkan und allerlei Scharmützeln in der ganzen Welt. Erst am Ende wird flotte Musik serviert. Als ich an Deck komme, hängen am Geländer der Promenade wieder die beiden Jungs vom Vortag herum, probieren ihr Englisch und Deutsch und möchten so gerne an Bord kommen, was Sascha aber verhindert. Wir warten auf Tatjana, die eigentlich morgens schon eintreffen wollte.

Mehrmals an diesem Vormittag fährt ein Behördenfahrzeug mit Uniformierten dicht am *Clown* vorbei und scheint sich für uns zu interessieren. Man mustert uns trotz der geringen Distanz mit Ferngläsern, und irgendwann machen die Leute ganz nah bei uns fest, um lang und breit mit Sascha zu plaudern. Was mag da bloß besprochen werden? Man müßte wirklich Russisch können. Zu dumm, daß mein Mitstreiter so schlecht ist in Deutsch und Englisch und der Dolmetscher noch nicht da ist. Ich bin nur deshalb beruhigt, weil der Tonfall freundlich ist und zuweilen auch gelacht wird. Am Ende soll ich Rubel holen und die leeren Kanister. Sollten wir tatsächlich von diesen Leuten bedient werden, so als wäre der Schwarzhandel das Selbstverständlichste von der Welt? Am hellichten Tag in der Öffentlichkeit? Auf der anderen Seite eines breiten Weges stehen Hochhäuser, vor deren Fenstern die Yacht liegt wie auf dem Präsentierteller, und allerlei Gaffer laufen herum. Dennoch wird der Brennstoff vom Staatsschiff aus ohne Skrupel verschachert. Offenkundig ohne Unrechtsbewußtsein und in aller Ruhe gehen die gefüllten Behälter von Hand zu Hand, wird das Geld gezählt. Wahrscheinlich muß ich noch viel lernen, was »Recht und Gesetz« im Zusammenhang mit Rußland eigentlich bedeutet.

Nach dem Mittagessen trifft endlich Tatjana ein. Beide Söhne, Hund Gregor und ein schönes Mädchen sind mit von der Partie. Ich habe recht gehabt, was die Ursache für ihre Verspätung anbelangt. Diese Dolmetscherin mußten meine Freunde in St. Petersburg am

Abend schnell noch besorgen, nachdem sich der zuerst ausgewählte Student als völliger Fehlschlag erwies. Sogar die beiden Jungen konnten besser Englisch sprechen, und so schickte man ihn sogleich wieder in die Wüste. Dafür heuern wir jetzt den Glücksfall Swetlana an, die einen sehr guten ersten Eindruck macht. Deutsch spricht die Kleine perfekt, hat fünf Semester Maschinenbau studiert und Elektrotechnik dazu. Intelligente Frauen mochte ich immer schon, und nun diese hübsche Russin mit ihrem klugen Gesicht, dem sympathischen Lächeln, den blitzenden Augen! Sascha ist richtig aufgeregt, schleicht sich dann heimlich nach unten und kommt frisch rasiert und duftend wieder an Deck. Wir scherzen über eine gemeinsame Koje. Dann gibt es ein langes Mittagessen und ein ernstes Gespräch zwischen Tatjana und mir über das Projekt Europa rund. Es läuft wie geplant weiter; darüber sind wir beide uns einig. Mit Mut und Zuversicht! Und im Vertrauen auf unsere Klugheit und Stärke!

Wir sprechen auch über die vielen falschen Vorstellungen, mit denen die Crew des *Sposmoker* angereist war. Welch ein verzerrtes Bild von verseuchten Landstrichen zeichnen die Medien bei uns, und wieviel unberührte Natur haben wir durchfahren, menschenleere Einsamkeit gesehen. Das immer wieder verwendete Schlagwort »Riesenreich« bestätigte sich. Doch man sollte diesen Begriff nur noch mit dem Zusatz »wunderschön« verwenden. Was wir nie und nimmer erwarteten, war das reichhaltige Warenangebot. Da schleppen wir nun den ganzen teuren Proviant von Deutschland hierher und ahnen nicht, daß es außer Müsli alles phantastisch billig zu kaufen gibt. Müsli kennt man einfach nicht, wozu sollte man es dann im Angebot haben. Die ganze Bandbreite der Schokoriegel jedoch, mit denen die Zwischenräume irgendwo im *Clown* gefüllt sind, hätten wir in Rußland erstehen können. Und nicht nur die Gemüse und das Obst der Saison, auch tropische Früchte, Fleisch und Käse, Säfte und Bier aus Holland, Belgien und Deutschland finden wir problemlos.

»Was geistert bloß in unseren Köpfen herum, Tatjana! Und am schlimmsten finde ich die Sache mit dem Geld. Alle Welt hat uns erzählt, daß wir Dollar und D-Mark in kleinen Stückelungen dabeihaben sollen, das sei die Währung schlechthin. Nun müssen wir die Devisen ganz normal bei der Bank tauschen, zugegebenermaßen zu einem Traumkurs, und dann in Rubel bezahlen. Dabei schreiben bei uns alle Zeitungen, daß man nur mit D-Mark und Fünf-Dollarscheinen ausgerüstet nach Rußland reist.«

Tatjana sieht mich mitleidig an.

»Wir haben eine neue Ordnung, die Schwarztauscherei ist abgeschafft. Du liest die alten Zeitungen, Gerd!«

Ich werde das Bild von Tatjana in Erinnerung behalten, wie sie von der Promenade in Tscherepowez dem *Clown* hinterherwinkt. Vom Schicksal mit stählernen Nerven und großer Energie beschenkt, ist mir die Gute schon lange vertraut. Aber auch Metall kann brüchig werden, und zerbrechlich wirkt die Freundin jetzt und ein wenig versonnen auch. Was haben diese Frau und der ferne Alexander in St. Petersburg alles auf sich genommen.

»Soulsister! Gutmensch!«

Eine winzige fragile Blüte nur ist unser Bemühen um Verständigung und ein wenig Achtung zwischen den Völkern. Was haben Nagelstiefel und Knobelbecher schon alles zertreten! Über den Häusern der Stadt, über der gewaltigen Hängebrücke, spannt sich ein riesiger Regenbogen bis zum jenseitigen Ufer. Es geht auf den Rybinsker Stausee hinaus.

Mütterchen Wolga

Was die Chronologie angeht, so war dies das dritte von sechs Bauwerken, die die Wolga in eine ganze Kette von riesigen Inlandseen aufstauen. 1941 befahl Stalin, bei Rybinsk einen Damm zu bauen, bei dessen Fertigstellung auch deutsche Kriegsgefangene eingesetzt wurden. Hier, wo die Wolga nach Südosten fließt, sammelte sich etwa sechs Jahre lang ihr Wasser und das der Scheksna. Städte und Dörfer wurden überflutet, und ganze Wälder verschwanden in stetig ansteigendem Naß. Auf der Karte zeigt mir Sascha Gebiete, wo vor Wipfeln unter der Oberfläche gewarnt wird. Zunächst aber führt eine gut betonnte Rinne durch weite offene Flächen, die mit etwa drei Metern Tiefe ein herrliches Segelrevier abgäben. Vermutlich unbewohnte Inseln liegen am Wege. Hier könnte man Entdecker spielen.

Ich werde wieder einmal an Dänemark erinnert und bin mir mit Klein einig, daß es fast überhaupt keinen Unterschied gibt. Sogar die Masten der Hochspannungsleitung gegen den hellen Himmel gleichen denen unserer nördlichen Nachbarn. Wir gelangen zu der kleinen Ortschaft Witchelowo, wo der Kurs in Landnähe verschwenkt. Holzhäuser mit Gärten sehen wir auf dem hohen Ufer und dazwischen schräg den Baum eines Ziehbrunnens vor dem Abendhimmel. Wir sollten Wasser nehmen! Schon kurve ich zwischen ein paar Fischern ins Flache. Das Geschrei der Leute in ihren offenen Booten kann ich zunächst nicht deuten, bis Swetlana nach Rückfrage übersetzt, daß die Männer uns laut vor einem unbezeichneten Wrack warnen. Dann ist unser Begleiter auch schon mit dem Boot unterwegs und erweckt bei mir den Eindruck, daß er sich vor seiner Landsmännin richtig ins Zeug legen will, beziehungsweise hier konkret in die Riemen. Ein langes Gespräch mit dem Dorfältesten beobachten wir per Fernglas. Die beiden Russen dort zwischen den Hütten rauchen eine Zigarette zusammen, was irgendwie an den Wilden Westen, Indianer und Friedenspfeife denken läßt. Unser Kundschafter schleppt dann ganz schwer dort drüben und bringt eine erste Fuhre. Köstlich schmeckt es, das Ziehbrunnenwasser, von dem wir gemeinsam viele gefüllte Kanister an Deck gewuchtet haben.

»Segeln ist Camping auf dem Wasser.«

Swetlana versteht tatsächlich auch doppelsinniges Deutsch. Irgendwie scheint dem Mädchen der Hauch von Abenteuer und Romantik zu gefallen.

In dieser Nacht steuern wir mit Nordwest vier von achtern über den See. Unser junger Gast war vorher noch nie auf einem Boot gewesen, da kommt mir die günstige und magenfreundliche Windrichtung gerade recht. Zu schade, wenn das neue Crewmitglied gleich durch Seekrankheit geschockt würde. Die Betonnung ist mal wieder exzellent, und die Lichter der Berufsschiffe geben zusätzlichen Anhalt. Reger Schiffsverkehr in beiden Richtungen. Die Sicht ist gut und ein Verirren nicht möglich. Auch die Abzweigung nach Moskau ist nicht zu verfehlen und bedeutet eine kurze Versuchung. Was die anderen zu einer plötzlichen Kursänderung wohl sagen würden? Ich spielte ohnehin lange mit dem Gedanken, die Hauptstadt des Riesenreiches anzusteuern. Aber vier Tage für Hin- und Rückweg müßte ich schon kalkulieren, und auch mit minimalem touristischem Programm käme bei dem Abstecher sicher eine

Woche Zeitverlust heraus. Verlockend der Gedanke dennoch, den *Clown* auf der Moskwa vorm Kreml zu fotografieren. Nun waren zwei Monate für Europa rund ohnehin viel zu wenig, und deshalb lasse ich's bei einem sehnsüchtigen Blick in Richtung Metropole bewenden. Wir halten in die Richtlinie des Hauptfahrwassers und laufen zur Ortschaft Perjebori. Dort wollen wir durch die Rybinsker Schleuse auf den Gorki-Stausee.

Eine knappe Stunde Warten ist angesagt, bis ein in der Länge passender Frachter kommt. Vielleicht hatte Juri hier mit Berufsschiffen schlechte Erfahrung gemacht. Die Warnungen des Freundes habe ich noch im Ohr. Das Personal gilt als streng, aber wir rutschen dann ohne Probleme mit durch. Mitleid empfinde ich nur mit den vielen kleinen Fischen, die bei jeder Schleusung den hungrigen Vögeln zum Opfer fallen. Vor dem bergseitigen Tor befindet sich immer ein hoher Zementsockel, der bei Talfahrt jeweils fast trocken fällt. Wenn ein Schiff abwärts geht, warten Schwärme gieriger Langschnäbel schon auf ihre Mahlzeit und stürzen sich auf die im knöcheltiefen Wasser zappelnde silbrige Beute. Ein enger Kanal führt uns an der Stadt Andropow vorbei, und alsbald sorgt die Einmündung des Flusses vom Kraftwerk her für zusätzlichen Schiebestrom.

»Es steht ein Soldat am Wolga-Strand, hält Wache für sein Vaterland . . .«

Ich summe die Melodie vor mich hin. Dann sehe ich die Gesichter der Mitreisenden und muß wohl doch meinen Mitmenschen glauben, die mir ein Leben lang erzählten, daß ich nicht singen könne. »Es steht ein Soldat am Wolga-Strand.« Aus dem *Zarewitsch* ist das schöne Lied, aus der ersten Operette, die ich mit damals sechzehn sehen durfte. Und tatsächlich erblicken wir auf den ersten Kilometern breiten weißen Sandstrand.

Das Libretto hat nicht gelogen! Dann sind wir allesamt aus dem Häuschen, weil wir wirklich die Wolga erreicht haben. Wer hätte das gedacht!

»Kneif mich mal, gute Renate! Unser *Clown* fährt auf Rußlands Schicksalfluß. Und der ist auch noch so herrlich anzusehen!« Der längste Strom Europas! Als Sensation empfand ich's schon, als Intourist begann, an westliche Ausländer Reisen mit Passagierdampfern auf Teilstrecken zu verkaufen. Und nun werden wir tatsächlich auf eigenen Kielen die Wolga befahren! Dreieinhalbtausend Kilometer überlege ich. Entspringt vor den Valdagshöhen bei dem Dorf Wolgawerschowje unweit des Seligersees. Eine Hauptverkehrsstraße ist dieser Fluß, auf dem während der schiffbaren Monate viele Güter transportiert werden. Eine wichtige Energiequelle für das Land ist der Strom mit seinen gewaltigen Elektrizitätswerken in den riesigen Dämmen. Doch lassen wir die sachliche Betrachtung einmal beiseite, so ist die Mutter der russischen Flüsse wohl den meisten Bürgern des Landes ein wichtiges Symbol. So viele Märchen, so viele Gedichte und Lieder, in denen Mütterchen Wolga besungen wird, verklärt und mystifiziert.

»Landschaft wie am Rhein!«

Klein schreibt diesen Satz mit drei Ausrufezeichen in seine Kladde. Grüne Hänge und Wälder säumen den Strom und erinnern mich eher ans Weserbergland. Immer wieder sehen wir jetzt kleine Ortschaften mit freundlich winkenden Menschen. An einer bestimmten Stelle des Flusses passieren wir zweistöckige Häuser mit Walmdach, die ich als gutbürgerliche Behausungen aus einer Vorstadt Kassels in Erinnerung habe. Reisen hat wohl doch mit Vergleichen zu tun, und eigentlich schleppt ein jeder eine Menge Bilder mit sich herum, die zur Beurteilung neuer Eindrücke herangezogen werden. Sweta war noch nie auf der Wolga, und als ich während dieses ersten Tages neben dem Mädchen auf dem vorderen Beam sitze, frage ich sie: »Bist du stolz auf dein Vaterland?

»Ja, sehr!«

Die spontane und überzeugte Antwort rührt mich und mehr noch die Liebe zu ihrer Heimat, die aus der jungen Russin spricht.

Ein wenig in Literaturgeschichte bewandert, muß ich bei dem Namen Jaroslawl an das Igorlied denken, einen der großen literarischen Schätze Rußlands. Alle drei sind wir gespannt auf gerade diesen Ort, der in seiner Blütezeit die modernste Großstadt Europas war. Knappe dreihundert Kilometer von Moskau liegt Jaroslawl und war zeitweilig sogar Hauptstadt Rußlands. Reich war dieses Zentrum im Knotenpunkt wichtiger Handelswege jedenfalls immer, davon zeugen die vielen noch erhaltenen Gotteshäuser und die Villen der Kaufleute. Eine Biegung des Flusses und ich denke an Fürst Jaroslawl, den Weisen, der sich etwa um das Jahr tausend hier mit einem großen Bären anlegte und das Tier mit der Axt tötete. Ein Fort wurde gegründet, und der Bär wurde das Wappentier der ersten Stadt an der Wolga. Hier wollen wir ins Kloster gehen und die Kathedrale besichtigen, der Abschrift von der Heerfahrt Igors und dem einstmals weltoffenen Geist der regen Bewohner huldigen. Aber aus dem ganzen schönen Plan wird dann leider doch nichts.

Bei Jaroslawl überquert die Transsib den großen Strom. Fühlen wir deshalb vielleicht diesen Hauch von Sibirien? Meteorologen würden wahrscheinlich von einem Kaltluftpfropfen sprechen. Mitte Juni ist's schließlich und herrliches Sommerwetter, aber schwarze Wolkentürme und zuckende Blitze kündigen einen plötzlichen Wechsel an. Querab der historischen Stadt mit den vielen leuchtenden Türmen und Kirchen ist der Schiet mit Böen heran. Ich bleibe allein an Deck und halte das Schiff so gut es geht in einigermaßen sicherer Position. Die Hagelkörner sind so groß, daß ihr Prasseln auf die Kapuze der Öljacke schmerzt. Jaroslawl versinkt hinter einem dichten Vorhang, und als der Spuk nach einer guten halben Stunde vorbei ist, liegt der Hagel einen Fuß hoch an Deck. Jetzt ist die Stadt schon achteraus. Schade, eigentlich wollten wir ausgiebig an Land! Aber auch dort wird alles vor Nässe triefen und der Matsch noch nicht getaut sein.

Wir laufen weiter stromab bis zu einem geschützten Ankerplatz hinter einer Insel. Beim Runden der unter Wasser auslaufenden vorgelagerten Bank gehe ich zu scharf um die Ecke. So schnell, wie die Anzeige der Lote abnimmt, kann ich gar nicht stoppen, und der Kat läuft auf den Grund der Wolga. Die Besatzung nimmt das Aufbrummen gelassen hin, und ich muß nicht mal die Schwerter lüften, um freizukommen. Die Kraft des dicken Diesels zieht uns rückwärts von der Bank. In einem nun größeren Bogen steuere ich zwischen Inseln und Ufer. Als wir in totaler Einsamkeit im schmalen Arm hinter dem Eiland liegen, lärmen die Wasservögel bei der Suche nach ihrem Abendbrot im Schlick, muhen ein paar Kühe auf der Weide.

»Wie auf der Stör! Genau wie unterhalb Wewelsfleth! Wenn jetzt ein Seehund vorbeikommt, glaube ich, wir sind auf der Oste.«

Renate pflichtet mir bei, und alle drei Deutschen wundern sich mal wieder über das Fehlen von Staatsmacht, Polizei und KGB oder was der normale Ausländer alles in Rußland erwartet.

Am nächsten Morgen finden wir bei der Ortschaft

Kostroma eine Bunkerstation. Der Platz wirkt verwaist und ganz so, als sei hier schon lange kein Diesel mehr verkauft worden. Anlegen will ich dennoch, als Fanatiker des Rechts möchte ich nun mal meinen Kraftstoff lieber ehrlich und offiziell kaufen. Eine gute Tat vollbringe ich auf jeden Fall mit der löblichen Absicht, denn die Horde angelnder und herumtobender Halbstarker auf der rostigen Konstruktion freut sich über die Abwechslung. Wann kommt hier schon mal ein *Clown* vorbei! Meine Leute schnacken allerlei Russisch, wobei ich die Worte Deutsche und Amerikaner schon heraushören kann. Swetlana übersetzt nur das nötigste und erzählt, daß hinter den Bäumen oben auf dem Hang ein Verkaufsbüro sein soll.

»Also los, Sascha! Versuch dein Glück! Dawai, Sascha.«

Aber trotz der Aufforderung sich zu beeilen, bleibt der Gute lange weg. Sweta beschwört mich, den jungen Burschen keine Coca-Cola zu schenken. »So etwas erweckt nur Begehrlichkeiten. Diese Leute müssen nicht wissen, daß wir reich sind.«

Wie selbstverständlich hat das Mädchen *wir* gesagt. Toll, wie schnell die Kleine zu diesem Gefühl gefunden hat. Dann teilt sie auch als völliger Laie meine Ansicht, daß die dicken Schläuche sicher Berufsschiffe, nicht aber unsere Kanister mit Brennstoff füllen können. Hier bekommt ein *Clown* keinen Diesel! Ich freue mich, als der gute Pavlow zurück ist, bevor die aufdringlicher werdenden Halbstarken uns entern.

Einige ankernde Frachter und eine große Baustelle mit Schaufelladern und Planierraupen in Aktion finden wir ein Stück weiter. Es stehen also doch nicht alle Räder still während der Wirtschaftskrise in diesem Land. Nach einigen Mißverständnissen über die richtige Seite und mehreren Anläufen, die mit der verkehrten Windrichtung zu tun haben, gehen wir beim ersten Schiff längsseits. Wäsche flattert auf der Leine, ein kleiner Hund läuft schwanzwedelnd herum. Die ältere Frau und die beiden Männer an Deck des Frachters wirken, als wohnten sie hier fest. Ein Gespräch über das Wetter und den schönen Tag ist zur Einstimmung jeweils Pflicht. Irgendwie schlägt man dann den Bogen von St. Petersburg bis Wolgograd und verklickert den Leuten, daß die Maschinen Durst haben. Die Atmosphäre auf der zwischenmenschlichen Schiene ist mittlerweile hervorragend, die Männer auf dem Frachter sind jetzt schon unsere Freunde. Geholfen hätte man uns gern, und wären wir noch länger geblieben, so hätte die gute Frau vielleicht noch einen Kuchen gebacken. Fehlanzeige gleichwohl! Das Schiff besitzt eine Gasturbine als Antrieb und fährt anderen Stoff, als unsere Krachmacher brauchen.

Wir steuern den nächsten Frachter an, wo wir ähnlich nett aufgenommen werden. Leider sammle ich persönliche Minuspunkte an diesem Morgen, weil meine Anlegemanöver immer erst nach einigen vergeblichen Versuchen klappen. Fündig werden wir dann endlich bei einem großen Schubschlepper. Der Preis ist wieder lachhaft niedrig, und in meiner Euphorie wegen der nun vollen Tanks und des fast geschenkten Treibstoffs würde ich gerne ein ordentliches Trinkgeld geben, extra ein bis zwei Flaschen Wodka. Aber Sweta verzieht schon das hübsche Gesicht, bevor sie überhaupt übersetzt hat. Sascha verhindert mein Vorhaben dann sehr energisch mit der Begründung, daß ich den Markt kaputtmache. Wir hätten fair bezahlt, und das Großmannsgehabe sei der russischen Yachta *Clown* nicht angemessen. Recht hat er, wenn man alles bedenkt. Ich wollte ja nur nett sein zu den freundlichen Russen. »Voll voraus« und ab dafür! Bei bis zum Rand gefüllten Tanks spielt hoher Verbrauch keine Rolle.

Viele Windungen macht das Fahrwasser jetzt durch eine liebliche Fluß- und Seenlandschaft. Wiesen wechseln mit Laub- und Kiefernbeständen, und man ist versucht, in Ruhe zu ankern und zu verweilen. Hier ist noch Platz für Marinas, Golfplätze und Landebahnen für Charterjets auf billigem Grund und Boden. Wir Kapitalisten denken schon wieder an Investitionen und satte Gewinne. Voll ins Szenario paßt dann der Kurort Pljosz, den wir mittags passieren, und der zumindest vom Wasser aus gesehen wirkt wie ein Kleinod. Viele Spaziergänger am Ufer winken freundlich hinter uns her, an diesem großen Strom scheint man uns wohlgesonnen. Als dann nach dem Kaffeetrinken Nieseln einsetzt, geht allerdings die Ferienstimmung an Bord ein paar Punkte abwärts auf der Skala. Wind kommt auf! Gegen kabbelige See stampfend, steuern wir über den Gorki-Stausee südöstliche Kurse.

Vielleicht ist mein russischer Mitsegler schon ein wenig infiziert worden von den Westlern. Während der ersten Tage der Reise wollte der Mann keinen Fingerbreit von der vorgeschriebenen Bahn abweichen. An diesem Abend nun verlasse ich ohne lange Diskussion das offizielle Fahrwasser und gehe mit Hilfe beider Lote über flache Bänke unter die luvwärtige Küste. Sogar auf diesem Kurs setzen wir zeitweilig in höhere See, die zwischen Inseln und aus Buchten herausläuft. Das navigatorische Risiko wird nur mir so recht bewußt, als die Wassertiefe einmal dramatisch abnimmt. Ein anderes Mal sichte ich im letzten Moment ein halb versunkenes Wrack, das in der Karte nicht verzeichnet ist. Aber draußen direkt über die großen Wellen zu gehen, wäre bei dem starken Wind von vorne nicht möglich gewesen.

Ganz wohl fühlt mein Navigator sich bloß deshalb nicht, weil irgendein Betonkopf, der von Yachten keine Ahnung hat, über die Abweichung meckern könnte. Eigenverantwortliches Handeln lernen Russen mühsam, und an den in der Nordsee zuweilen auf UKW gehörten Kommentar muß ich denken, wenn es ums Ausweichen geht: »Typisch Russe. Muß erst in Moskau fragen.«

Meine Sachargumente überzeugen gleichwohl, und der Erfolg hat viele Väter. Als Sweta morgens an Deck kommt, erklärt ihr der Landsmann, welche Risiken wir auf uns nahmen, damit sie eine ruhige Nacht wohlbehütet schlafen konnte. Als aufmerksamer Beobachter registriere ich erste Anzeichen von wachsender Sympathie; ein kleiner Flirt hängt in der Luft. Mir soll's recht sein, wenn meine Begleiter sich wohlfühlen. Beide versichern mir jedenfalls ungefragt, daß sie lieber auf dem *Clown* reisen als auf dem Passagierdampfer *Ernst Thälmann,* der mit uns in die Gorodez-Schleuse einläuft. Diese Dispatcherin besteht übrigens ausdrücklich auf Schwimmwesten. Ein frisch rasierter Sascha hilft meiner Dolmetscherin zuvorkommend beim Anlegen und erklärt die Funktion. Eine gute Gelegenheit zu ausgiebigen Körperkontakten; alter Schlingel, ist schon zum zweiten Mal mit einem ganz jungen Ding verheiratet.

Auf dem kurzen Stück zwischen der ersten und zweiten Schleuse verlieren wir *Ernst Thälmann,* der sofort mit voller Fahrt abhaut und die nächste Kammer gerade noch erwischt. Von unten kommt ein beladener Tanker, der bevorzugt behandelt wird, und uns gemeinsam mit etlichen Baltiskis und Sormovskis zum Warten zwingt. Ich wundere mich über das vom Klangbild her lockere Gequatsche und das viele Lachen auf der Arbeitsfrequenz des Telefons. Swetlana übersetzt einige Minuten lang, und tatsächlich finden hier nicht nur kurze Dienstgespräche mit knappen Anweisungen statt, es werden sogar Witze erzählt, und regelrechte »Anmache« ist im Gang. Versteh einer diese Russen!

Für mich wird die Wartezeit leider nicht ganz so lustig, muß ich doch an eine der verhaßtesten Arbeiten bei der Schipperei. Toilette verstopft! Nachdem das Stochern mit dem Draht nichts hilft, baue ich den ganzen Kram bis zum Seeventil auseinander, muß sogar einiges mit dem Messer herausschneiden. Endlich wieder an Deck, erzähle ich den Gefährten von etlichen guten Freunden, die schon um die Welt segelten und die gewisse Positionen ihrer Reise an verstopften Klos festmachten.

Die beiden Gorodez-Schleusen senken uns dreiundzwanzig Meter auf das Niveau des Tscheboksarsky-Stausees. Hier steht in einer Nische der zweiten Kammer eine uniformierte Frau, die aus einem James-Bond-Film stammen könnte. So wie russische Kommissare in westlichen Filmen dargestellt werden, so sieht das Weib aus mit ihren flachen Schuhen und der Ordensspange auf der Brust. Ihr stechender Blick mustert jedes Detail des Kat und registriert aufmerksam unser Tun an Deck.

Gleich nach dem Auslaufen finden wir eine Schute am Ufer, die sich zum Anlegen gut eignet. Die Häuser der Stadt scheinen nah, und ein wenig Einkaufen könnte nicht schaden. Swetlana und Klein entschwinden durch die Botanik auf der Steilküste, haben einen langen Zettel und viele Taschen dabei. Sascha liegt auf dem Rükken und hält Mittagsschlaf. Der Mann schnarcht noch lauter als Renate, was bemerkenswert ist. Zuweilen, wenn er im Traum das Gesicht verzieht, verstolpert sein Sägen. An welche seiner jungen Frauen mag er wohl denken? Casanova, russischer!

Es ist wieder sonnig und sehr warm. Als das deutschrussische Einkaufsteam nach Stunden und geschätzten zehn Kilometern völlig geschafft zurück ist, muß als erstes Seelenmassage verabreicht werden. Diese schweren Taschen und die Hitze! Aber bald schwärmt mein Makker von den wunderschönen Fensterschnitzereien an alten Wohnhäusern, und begeistert erzählt er vom Angebot auf dem Markt, von Rheinwein und Bier aus Holland, Belgien und Deutschland. Alle gängigen Keksmarken sind vertreten, Gemüse und Obst gab's in Hülle und Fülle. Nur die Tresen und Kassen mit ihren starken Eisengittern haben meinen Freund gestört. »Wie Löwenkäfige! Wie vergitterte Gefängniszellen wirken diese Dinger mit ihren doppelt gesicherten Türen.«

Auch das wird sich ändern. Wir sind da voller Zuversicht. Unsere einträchtige Kaffeepause in der Nachmittagssonne auf der Wolga ist ein Mosaiksteinchen auf dem Weg in die neue Zeit.

Ganz häufig sieht man jetzt Urlauber am Ufer. Wieder einmal werden wir drei Deutsche an unsere Kindheit und Jugend erinnert. Das ist die Zeit der frühen fünfziger Jahre, bevor die großen Fernreisewellen starteten. Damals war es auch bei uns üblich, an schönen Tagen an einen nahe gelegenen Fluß oder See zu radeln, auf einem Handtuch oder einer Decke im Gras zu liegen. Weder gab es Badeverbote wie heute an den meisten Flüssen, noch wurden die Leute von Alarmmeldungen über vergiftetes Wasser verschreckt. Motorräder, zum Teil mit Beiwagen, gelegentlich schon ein Auto, waren damals jenen vorbehalten, die die Sonnenseite des Lebens bereits erreicht hatten. Auch hier sehen wir jetzt immer wieder Menschen in Badekleidung am Ufer lagern und Kinder in Sand oder Kies buddeln. Mit selbstgebauten Flößen und primitiven Booten, die meinem ersten selbstgebauten Boot aus dem Jahre 1948 bis ins kleinste Detail ähneln, wird ein wenig geschippert. In bescheidenen Zeilen campt man am Wolgaufer, vergnügt sich mit Angeln oder Grillen und Wanderungen in die Umgebung. Häufig kommen wir an Gruppen und Grüppchen vorbei, die dem Schiff hinterherwinken, irgend etwas rufen, beim Anblick der großen Yacht Fernweh entwickeln. Des Nachts brennen Lagerfeuer, und zuweilen sieht man die vom lodernden Schein angeleuchteten Menschen. Manchmal trägt ablandiger Wind Fetzen von Liedern übers Wasser. Ob auch diese Leute hier eines Tages nur noch auf die Seychellen reisen wollen, zu den Malediven oder in die Karibik?

Jener Boris, der in St. Petersburg beim Mastlegen half und dessen Rubelmünze ich unter der linken Ferse trage, wurde in Gorki geboren. Häufiger als andere Städte fiel deshalb bei unseren Vorgesprächen dieser Name, wurde der Ort irgendwie vertraut. Und schließlich ging ja gerade diese Großstadt als Rüstungszentrum und Verbannungsort bekannter Dissidenten oft genug durch unsere Medien. Hier wurden nicht nur die Luxuslimousinen für die Nomenklatura gebaut, der »Wolga« etwa, hier produzierte man auch U-Boote, Atomwaffen und Jagdflugzeuge. Als wir uns der drittgrößten Stadt Rußlands nähern, erzähle ich den anderen ein wenig von der über siebenhundertjährigen Geschichte als Handelszentrum und Bastion gegen Eindringlinge von Osten wie von Norden. Mein Schriftstellerkollege Gorki durchlitt hier eine schwere Kindheit und begann in diesen Mauern zu schreiben. Gegen seinen Willen bekam das alte und vielbesungene Nischni Nowgorod dann seinen Namen.

Als wir uns den Außenbezirken nähern, gibt es keine sichtbaren Schatten der Vergangenheit, auch wenn früher niemand von dem Ort ohne den Zusatz »verbotene

Stadt« berichtete. Hier durften nicht einmal ausländische Flugzeuge landen, durfte kein Ausländer seinen Fuß ans Ufer setzen. Sacharow war in diese Mauern verbannt, und Sascha zeigt mir schon von ferne das Krankenhaus auf dem Hügel, wo man den Forscher behandelte, ohne ihn von seinen Verirrungen »heilen« zu können. Unser Navigator lebte hier einige Jahre, und ein wenig gibt er damit an, den berühmten Atomphysiker persönlich gekannt zu haben, während er noch erzählt, setzt leichter Regen ein und Ölzeug ist angesagt. Dennoch ist auch unter verhangenem Himmel die Schönheit der historischen Gebäude und des fünfhundert Jahre alten Kreml zu erkennen.

Hier bei Nischni Nowgorod mündet die Oka als einer ihrer großen Nebenflüsse in die Wolga. Vor dem starken Querverkehr von rechts hat mich Juri vorsorglich gewarnt, und tatsächlich ist jetzt wirklich was los auf dem Fluß. Unruhig wird die Reise, während wir auf Kabbelwasser an Fabriken und ausgedehnten Hafenanlagen entlangmotoren. Schlepper und Fähren wimmeln umher, und zwei große Schubverbände bedrängen den *Clown*, der sich seitlich ins Flache rettet. An der Passagierpier sind mindestens ein halbes Dutzend der großen weißen Kreuzfahrtschiffe festgemacht, Kometas und Raketas flitzen durcheinander. Es gilt aufzupassen während der Fahrt an Gorkis Wasserfront entlang. Es ist, als ob man nach zwei Wochen einsamer Atlantiküberquerung in das Gewusel im Englischen Kanal kommt: Man ist entwöhnt.

Wir verlassen Nischni Nowgorod in den Abendstunden, motoren ein Stück den Fluß abwärts und packen uns dann weitab vom Hauptfahrwasser vor Anker, um in Ruhe essen zu können. Die Häuser der Großstadt auf dem hohen Ufer sind in Sichtweite, und Sascha erzählt

Döntjes aus der Zeit, als er hier in einem Institut arbeitete. Wenn man's recht bedenkt, hat der Mann ein bewegtes Leben hinter sich, und das nicht nur in bezug auf seine vielen Frauengeschichten, von denen im Laufe der Reise auch so einiges rüberkommt. Unser Navigator war Atomtechniker und hat während einiger Jahre im Militärdienst eine Menge gesehen vom großen Land. Ausgerechnet in der Zeit des Grenzkonflikts mit China war er im Osten stationiert und hat sogar die Kugeln pfeifen hören. Bei der Einwanderungsbehörde arbeitete dieser Tausendsassa auch etliche Jahre, und vielleicht ist Kleins Vermutung gar nicht so abwegig, daß unser ortskundiger Begleiter auch mit dem Geheimdienst etwas am Hut hatte, denen vielleicht immer noch verbunden ist. Mir soll's egal sein, wenn es zum Erfolg meines Planes beiträgt; ich hab' bloß rund Europa im Sinn und sonst nichts. Vielleicht studiere ich deshalb nach dem Nachtisch die Übersichtskarten. Unser Fahrplan ist verdammt eng, das zeigt ein einziger Blick auf die vielen Kilometer, die wir noch abspulen müssen. Versuchen wir's doch mal mit einer Nachtfahrt sogar dort, wo keine offene Wasserfläche mit geradem Kurs problemloses Schippern garantiert.

Strapazierte Nerven, liebliche Landschaften und Dieselnot

Einen Vorgeschmack auf die dramatischen Ereignisse der Nacht bekomme ich schon einige Kilometer nach dem Ankerhieven. In dieser Zeit sind in der Dämmerung die Ufer noch gut zu sehen und ebenso die trockengefallenen Sandbänke beidseits der Fahrrinne. Und die Rinne muß ich per Augennavigation kurzzeitig verlassen, weil wir einen großen im Strom ankernden Bagger nach einer Biegung erst recht spät sichten. Starker mitlaufender Strom und schnelle Annäherung! Signale und viele Lichter! Das Wasser gurgelt um die Fahrwassertonnen, die Maschinen des *Clown* sind längst gestoppt. Auf welcher Seite sollen wir bloß vorbeigehen, ohne daß wir mit Ketten und Verholdrähten kollidieren? Dann blendet ein starker Scheinwerfer in unsere Richtung, und eine vollbeladene Kiesschute legt ab, packt sich beim Drehmanöver erst mal quer übers Fahrwasser und sperrt die Wolga. Ich durchlaufe den Tonnenstrich, rette mich ins Flache und gehe dicht an einer Bank vorbei. Solche Szenen gibt es auf jedem großen Fluß, ob Rhein oder Schelde, ob Weser oder Elbe. Bloß für den *Clown*, der natürlich auf diesem Törn keinen Ärger haben möchte, gelten besondere Bedingungen.

Konfliktvermeidung bleibt das Ziel während dieser Nachtfahrt, und große Vorsicht ist angesagt. Wir sind nun nicht mehr im extremen Norden, wo es im Sommer nie ganz dunkel wird. In dieser Region kann für einige Stunden nur nach Leuchttonnen und Feuern gefahren werden, und die Reise entwickelt sich alsbald zum Alptraum. Mein ganzes Können und meine ganze Erfahrung sind gefragt. Alle Schutzengel machen Überstunden. Weil Sascha zusammen mit Klein Wache gehen soll, muß ich allein steuern, navigieren und ausgucken. Unter normalen Umständen verlangen allein diese Aufgaben einer Person schon genug ab, hier wird die starke Berufsschiffahrt zum zusätzlichen Problem.

Wenn Mitläufer überholen, sind schwarze Bordwände in der Finsternis bedrohlich nahe. Ich gebe dann langsam, um den Vorgang abzukürzen, was die Steuerfähigkeit beeinträchtigt. Mal angesaugt, mal fast aufs nahe Ufer gedrückt, ist das Wummern großer Diesel fast über mir. Ich habe den Eindruck, daß die Leute uns überhaupt nicht sehen oder hier nicht mit Verrückten auf einer Yacht rechnen. Wie sonst könnte ein Schubverband mich kursändernd in einer Biegung fast auf die Steine setzen wollen; die Kerle sind ja schließlich nicht kriminell.

Ein hell erleuchteter Passagierdampfer kommt vor einer engen Kurve gegenan. Ich bin schon ganz nah am hohen schwarzen Wald zur Rechten und fahre die Richtfeuer voraus weit offen. Nun muß der Blödmann doch Kurs ändern! Nun komm doch endlich nach Steuerbord! Ich rede laut ein auf den unbekannten Wachoffizier, der mich quetscht und quetscht. Wo soll ich denn hin? Eine unbeleuchtete Tonne kratzt fast an unserer Bordwand entlang, und mein Gegner blendet mich mit einem fast schmerzend hellen Suchscheinwerfer. Eben klargegangen! Der dumpfe Ton eines lauten Typhons dicht hinter meinen Hecks bringt mich beinah von den Füßen. So beschäftigt war ich mit dem Gegenkommer, daß ich den aufkommenden Tanker übersah. Ein schneller Griff zur Taschenlampe, ein hastiger Blick auf die Karte. Nirgends eine Möglichkeit zum Ankern. Wie gern würde ich seitab auf den Morgen warten.

Als meine Ablöser auf Wache kommen, ist der engste Teil des Reviers achteraus. Ich bin geschafft und kann trotzdem nicht einfach verschwinden. Zu dritt hangeln wir uns zunächst weiter, suchen jetzt gemeinsam die jeweils nächste Richtfeuerlinie. Dann kommt ganz allmählich das Aufstaugebiet des Tscheboksarisees, und auch außerhalb der Fahrrinne ist tiefes Wasser. Ich lasse die beiden allein und muß schnell wieder raus, als dichter Morgennebel den Tag ankündigt. Hoffentlich haben die Freunde um uns her ihr Radar eingeschaltet! Nur nach dem Kompaß steuern wir durch weiße Watte und sind heilfroh, daß die Nebelbank bald durchquert ist. Ein rötlicher Schein im Nordosten! Der Tag kommt! Über eines sind wir drei Männer uns völlig einig. Nie wieder werden wir nachts auf engen Flußabschnitten unterwegs sein.

Das Land wird nun hügeliger, und wir durchfahren eine ausgedehnte Seenlandschaft. Ich werde an Hessen und den Eder-See erinnert, Klein fotografiert die Kühe am Ufer. Wieder einmal sind wir versucht, den Mast zu setzen, denn hier, zwischen Wiesen und Wäldern, müßte man segeln. Ein Blick auf die Karte und eine nüchterne Kalkulation der Restdistanz verbietet den Spaß ganz von selbst. Uns läuft die Zeit weg, wie man so schön sagt. Mast rauf und runter dauert viele Stunden, und bei den jetzt gerade vorherrschenden leichten Winden bringen die voll ausgefahrenen drei Maschinen einfach mehr Meilen. Bloß den Verbrauch dürfen wir nicht aus den Augen verlieren, es ist mal wieder tanken angesagt. Die Orte Maidan und Jurino, einige Kilometer seitab vom Hauptfahrwasser, stechen mir ins Auge. Wir steuern weg vom Generalkurs und laufen durch ein gut ausgetonntes Nebenfahrwasser an einen Passagieranleger, wie wir sie zu Aberhunderten schon passierten. Etliche Leute lungern herum, mein Anlegemanöver wird skeptisch und reserviert beobachtet. Sie halten uns sicher für schwerreiche Russen, und die sind hier auf dem Lande noch eine Seltenheit. Saschas Charme bricht das Eis, bloß Treibstoff für den *Clown* gibt es nicht. Ein einziger Tankwagen muß hier den ganzen Sommer reichen. Hier gibt es noch einen Dorfsowjet, dessen Auto und die Maschinen für die Ernte die ganze Zuteilung schlucken.

Mit Schleichfahrt, um den Verbrauch zu drosseln, reisen wir nun dieseldurstig über den Tscheboksari-Stausee. Mittags finden wir bei Kosmodemjansk eine Großbaustelle, wo riesige Lastwagen umherwimmeln. Schlitzohr Sascha muß ins Boot. Lastkutscher und Yachties sind Freunde! Einige Rubel und eine Flasche verbessern das Verhältnis sogar noch. Sauberer Kraftstoff wird uns zuteil, und frisches Wasser, das besonders wohlschmeckend ist, bekommen wir ebenfalls. Der Ort sieht ansprechend aus und wirkt besonders lebendig im Umfeld der Fähranleger. Nach den vielen Autos zu urteilen, muß hier eine wichtige Fernstraße den großen Strom kreuzen. Weißer Sandstrand, reger Bootsverkehr und Badebetrieb passen in das Bild eines sommerlichen Urlaubsorts. Ein junger Mann erzählt, daß er als Strandwächter für die Lebensrettungsgesellschaft arbeitet. Sieh mal an, so etwas ähnliches wie die DLRG gibt es hier auch!

Zwei Männer, Vater und Sohn, wie wir erfahren, preschen im Speedboot heran und verkaufen uns einen ganzen Eimer voll Fische, die Klein Brachsen nennt. Unsere hübsche Swetlana hat's dem etwa gleichaltrigen Fischer angetan, der sich kaum losreißen kann. Der Verkauf ist längst über die Bühne, und eigentlich gäbe es keinen Grund zum Verweilen. Mit einer Hand am Kat hält der junge Russe seinen schwankenden Nachen und bringt seinen ganzen unbeholfenen Charme zum Einsatz. Am liebsten wäre er wohl mitgekommen nach Wolgograd oder Jalta. Ernst wird's nur, als ich in meiner Dummheit ganz unbefangen den Fotoapparat benutzen will. So blitzschnell hat sich noch nie jemand von mir abgewendet. Freiheit und Normalität gibt es nicht von heute auf morgen! Der Überwachungsstaat sitzt dem Volk in den Knochen.

In der Tscheboksari-Schleuse senkt man uns ohne Probleme dreizehn Meter auf das Niveau des Kuibyschewer Stausees. Vom Festmachen an der Wartepier bis zum Verlassen der Kammer benötigen wir diesmal nur eine gute halbe Stunde. In der Erinnerung an die uniformierte Kommissarin aus dem Agentenfilm mit ihrem stechenden Blick legen wir die Schwimmwesten freiwillig schon vorher an. Doch hier ist man richtig nett und verursacht bei Renate ein schlechtes Gewissen, die Leute könnten doch eines Tages unseretwegen Schwierigkeiten bekommen, wenn wir »auffliegen«. Weil alle Manöver so gut geklappt haben, gönnen wir uns ein festliches Essen mit Drinks und Bier. Ravioli und Fische aus der Wolga sind Weltbürgers Hauptgang. Das absolute »highlight« für Sweta und Sascha werden meine in Schinken eingewickelten gebratenen Bananen zum Nachtisch. Ich würze die Dinger mit Curry, was bei meinen Gästen schon häufig gut ankam. Solche Delikatesse wollen die beiden hinfort öfter haben. Was sind wir bloß für eine nette Crew, die sich rechtzeitig vor dem Dunkelwerden vor Anker legt.

Beim Abendgeplauder erzählt Sweta von ihrem Besuch in Hamburg und wie sehr ihr die Stadt gefallen hat. Ich meine allerdings zwischen den Zeilen herauszuhören, daß die Gute ein wenig herumgereicht worden ist, bevor sie schließlich in einem Studentenwohnheim landete.

»Schade, daß wir uns nicht schon früher begegnet sind. Du hättest bei uns wohnen können. Ich hätte dir gern mehr gezeigt von Deutschland. Wenn alles gutgeht, und wenn wir hier heil wieder herauskommen, mußt du uns unbedingt besuchen, Sweta.«

Beeindruckt hat die junge Russin, daß sie sich, nachdem sie einmal eingereist war, überall unkontrolliert und frei bewegen konnte. Bei mehreren großen Firmen als Gaststudentin und im Rahmen eines Kontaktstudiums häufig unterwegs, mußte sie dennoch während der ganzen Zeit in Deutschland nicht ein einziges Mal ihren Ausweis zeigen. Um so mehr empfand sie die Behandlung in ihrer Vertretung als Schock, als sie ihrer Heimreise wegen dort vorstellig werden mußte. Ohne Begrüßung barsch angefahren zu werden, mit den Worten »Zeigen Sie Ihren Auslandspaß!« hat sie ganz einfach verletzt, nachdem sie sich gerade an unbekümmerten und ungehinderten Lebenswandel gewöhnt hatte.

»Die sind immer so, Sweta. Die haben's eben nicht anders gelernt. Auch ›westliche Ausländer‹ werden dort so behandelt.« Dann erzähle ich, wie ich im selben Konsulat wartete und ein Mädchen vom Typ Hamburger Deern hereinkam. Frische Unbekümmertheit, blonde Haare und friesische Züge unterstrichen den nordischen Eindruck, ein Schwall kühler Luft wehte hinterher und paßte ins Bild. Nach kurzem suchenden Umherblicken steuerte die Kleine zielsicher auf die Scheibe zu, hinter der sie der Mann aus dem Osten fragend ansah.

»Auf diesem Zettel sind ein paar Worte aufgeschrieben, die ich gern ins Russische übersetzt haben möchte.«

Der Pförtner hinter dem Glas war gewiß gehalten, jedem Besucher ein Anmeldeformular zu präsentieren, doch die junge Dame konterte mit ihrem Blatt Papier und sagte, das Formular sei nicht nötig. Wenn er russisch könne, solle er übersetzen. Einiges Hin und Her, bis eine Art Empfangschef erschien.

»Ich habe ein paar Worte in Deutsch aufgeschrieben. Ich möchte das gern ins Russische übersetzt haben. Das muß doch möglich sein.«

Der höheren Charge hätte ein wenig Freundlichkeit gutgetan. »Warum?«

Aufstampfen mit dem Fuß. Fort war die nordische Kühle.

»Weshalb ist doch nicht interessant. Können Sie Russisch? Dann schreiben Sie in drei Gottes Namen – in drei Gottes Namen! – die russischen Worte in kyrillischer Schrift unter meine.«

»Wofür?«

Und plötzlich resignierte das Mädchen.

»Mein russischer Freund hat eine für ihn wichtige Prüfung bestanden. Ich habe ihn eingeladen. Es soll nur Gerichte und Getränke aus seiner Heimat geben. Den Text zur bestandenen Prüfung möchte ich auf eine Karte schreiben und auf den Tisch stellen.«

Der Gedanke, daß nicht nur Russen in ihrer Vertretung auflaufen, beruhigt unsere Sweta. Nach Einschaltung eines noch höheren Dienstranges wurde der Text übrigens doch noch übersetzt.

Renate und Sascha sind die lautesten Schnarcher. Müssen sich richtig geborgen fühlen die beiden, ich aber werde in dieser Nacht an die vielen Warnungen vor Kriminellen und Piraten erinnert, die mir vor der Reise zuteil wurden. Als es finster ist, nähern sich unbeleuchtete Boote vom hohen Ufer im Westen. Langsam und als pirschten die Verbrecher sich vorsichtig an die lockende Beute Luxusyacht heran, kommen die Schatten am Ende sogar von zwei Seiten. Hieven und Abhauen? Soll ich Sascha wecken, Alarm schlagen? Ich starre auf die Gangster und erkenne im letzten Moment, daß bloß harmlose Fischer ihre Netze auslegen. Ohne sich überhaupt um uns zu kümmern, arbeiten die Leute über den Rand ihrer Nachen gebeugt, sind so nah, daß ich keuchenden Atem höre. Was für ein Glück, daß ich das Gewehr zu Hause ließ! Möglicherweise hätte ich einen Warnschuß abgegeben, den vermeintlichen Angriff rechtzeitig zu stoppen versucht. Kann man mehr Aufsehen erregen? Für die Männer sind wir einfach Luft, und soweit dies zu erkennen ist, blickt nicht ein einziger auch nur einmal herüber. Die Boote rudern zurück zum Ufer, wo in einer langen Kette Feuer auflodern. Als mein Macker die Wache übernimmt, erzähle ich nichts von dem vermeintlichen Überfall.

Das Leben ist eine Pendelbewegung. Am nächsten Tag hängt irgendwie der Haussegen schief, was eigentlich kein Wunder ist. Fünf Menschen leben in drangvoller Enge auf einem Schiff, das eigentlich nur für einen Mann konzipiert ist. Richtig Zoff hat es aber während der ganzen Reise nicht gegeben, nur ab und zu kleine Unstimmigkeiten, wie an diesem Morgen. Da beschwert sich der Freund, daß »diese Frau« das Bad unerträglich lange besetzt. Mir war vor der Reise bereits klar, daß Klein über so lange Zeit mit zwei Russen im Backbordrumpf einiges an Toleranz abgefordert würde. Der Mann ist immerhin als Kapitän bei Deutschlands größter Reederei gefahren und hat Jahrzehnte in luxuriösen Salons gewohnt, wo aufmerksame Stewards ihn zuvorkommend bedienten. Meine ganze Bewunderung und Hochachtung gehört ihm deshalb schon wegen der enormen Anpassungsfähigkeit, die er schon auf unserem Extremtörn nach Grönland an den Tag legte. Heute also ganz kurz mal nicht die übliche gute Laune, was mit irgendwelchen äußeren Einflüssen zu tun haben muß.

Auch Sascha muffelt vor sich hin. In seinem Fall führe ich den Frust darauf zurück, daß der Gute das Mädchen nach den Bananen nicht anknabbern durfte. Der Mann arbeitet immerhin schon zwei Wochen unter Hochspannung und dies zuweilen rund um die Uhr. Über die Pflicht zu ständig guter Laune haben wir bei der Heuer nicht gesprochen. Recht hat er, wenn er auch mal Unlust zeigt. Dem allgemeinen Trend des Tages folgend kommt Renate viel zu spät an Deck und ist zu allem

Überfluß pikiert, daß man mit dem Frühstück nicht auf sie gewartet hat. Ich bemühe mich um Ausgleich und freue mich über die willkommene Ablenkung bei der Eisenbahnbrücke von Wjazowle. Drei schwere Loks ziehen einen kilometerlangen Güterzug, und man wähnt sich mitten in Amerika. Die Crew bleibt kühl. Vielleicht hat's mit dem Thermometer zu tun; das zeigt nur fünfzehn Grad.

»Provinz Tataristan und Tatarenland«

»Wißt ihr eigentlich, daß die Universität von Kasan zu den ältesten und angesehensten Rußlands gehört? Hier hat auch Lenin studiert und Lev Tolstoi.«

Vielleicht kann ich meine Leute mit solchen Informationen daran erinnern, daß wir uns eigentlich auf einer Bildungsreise befinden. Also mache ich weiter in Einstimmung auf die Hauptstadt der Tatarischen Republik. Diese Großstadt mit ihrer Mischung aus Völkerschaften und Religionen ist schon allein deshalb eine Besonderheit, weil sie auf dem östlichen Ufer liegt. Die meisten großen Städte an der Wolga wurden auf dem hohen Westufer gegründet, wo man vor Überschwemmungen sicher war. Saratow zum Beispiel wurde nach knapp hundert Jahren von der einen Seite sogar ans gegenüberliegende Ufer verlegt. Nicht nur Stalin, auch die Zaren schoben schon Städte und ganze Völker in ihrem Riesenreich hin und her, wie es ihnen paßte. Ein Passagierdampfer fährt dicht vorbei. Ich unterbreche den Vortrag, weil Navigation angesagt ist.

Irgendwie paßt es dann zu einem verkorkst begonnenen Tag, daß ich bei der Ansteuerung von Kasan mit recht flotter Fahrt auf eine Untiefe laufe. Viele kleine

Renate vor der Festung »Peter und Paul«

Juri bei der Abfahrt von St. Petersburg
Woynjema am Wolga-Baltischen-Kanal

Auf Kischi – ein Traum aus Holz

An der Pier von Petrosawodsk: unser nördlichster Punkt!

Swetlana und Sascha – unsere Freunde und Helfer
Idyllische Schutzbucht Dolinowka

Im Hafen von Samara
Samara, östlichste Stadt an der Wolga

Sascha vor der Hafentreppe von Wolgograd
Wolgograd, das einstige Stalingrad

»Mutter Heimat«, imposantes Standbild auf dem Mamajewhügel

Klein und Sascha mit einer Ladung Diesel
Frischwasser – mühsam besorgt

Dagobert Ballagur – unser Schrittmacher auf dem Wolga-Don-Kanal
Brachsen hängen zum Trocknen

Am Ufer des Don

Prunkvoll bebaut – eine unserer zahlreichen Schleusen

Rostow – die letzte Brücke
Geduld ist gefragt – warten vor Jalta

Sposmoker meldet sich zurück

Nebenfahrwasser gibt es hier, wo der große Strom einen riesigen Bogen nach rechts macht. Wir sichten ausgedehnte Hafenanlagen und viele große Passagierdampfer, beginnen hier doch die meisten Wolgareisen. Welche der ausgetonnten Rinnen wir wählen sollen, wird irgendwie nicht ganz geklärt. Starker Verkehr bedrängt uns, und viele Tragflügelboote umschwirren uns wie Wespen den Honigtopf. Ein Moment der Unaufmerksamkeit, und der Kat sitzt mitten zwischen mindestens zwanzig Fischerbooten. Nerven behalten! Jetzt noch ein Funke, und der Streit wäre da. Ganz ruhig versuche ich's zuerst mit der vollen Kraft der drei Motoren. Als die wild drehenden Schrauben nichts bringen und bloß die Boote der Angler verspülen, lüfte ich das Schwert, mit dem wir festsitzen. Augenblicklich ist der *Clown* wieder frei. Mit Schleichfahrt und unter ständigem Aussingen beider Lote geht es zum Bootsclub eine Meile voraus. »Provinz Tataristan und Tatarenland«, schreibt Klein in sein Tagebuch.

Das Bild der Landschaft ändert sich nun. Das rechte Ufer der Wolga ist jetzt fast bergig zu nennen, und über weite Strecken reisen wir an einer hohen Steilküste entlang. Die interessanten Schichtungen würden wahrscheinlich Geologen begeistern, und Naturfreunde kämen auf ihre Kosten beim Studium der Uferschwalbenkolonien und anderer Bewohner der vielen Nisthöhlen. Die Waldlandschaft des Nordens liegt hinter uns, wir sehen Prärie und grasende Herden mit Hirten zu Pferde. Zur Linken erstrecken sich bis zu zehn Kilometer breite Wasserflächen und flaches Land, aus dem bei Kamskoje Ustje die Kama fließt, einer der großen Nebenflüsse der Wolga. Eine schöne Ausflugsfahrt könnte diese Reise sein, durch eine Gegend, die an Abschnitte des Mississippi erinnert. Aber immer noch sind wir ein wenig vom

Pech verfolgt, scheint dies nicht unser Tag zu sein. Schnelles Aufbrisen auf Südwest sieben und schlimme Fallböen vom Steilufer stehen uns ins Haus. Der *Clown* beginnt, im sich rasch aufbauenden hohen Seegang hart einzusetzen, und schwarze Gewitterwolken sorgen für Düsternis. Renate sieht unser Malheur als erste.

»Der Mast verrutscht! Du fährst den Mast von Deck!«

Fast verweht der Sturm ihren Alarmruf, aber da sind Sascha und ich auch schon beim Laschen. Während Klein das Ruder übernimmt, versuchen wir durch provisorisches Absichern mit vielen Enden das Schlimmste zu verhindern. Naß und durchgepustet wächst das Team zusammen. Braver Sascha! Hast ja doch etwas von einem guten Seemann. Um ein Haar hätte ich den vorderen Beam zerbrochen! Ohne Renates rechtzeitige Warnschreie hätten wir vielleicht das Rigg auf Grund geschickt. Aber die Gefahr ist nicht vorüber. Noch heult der Sturm gegenan; wir brauchen einen ruhigen Platz, um alles zurechtzurücken.

Auf der Karte entdecke ich ein Stück voraus eine Bucht, wie für uns geschaffen. Die Himmelsrichtung des schlauchartigen Einschnitts und die Wassertiefe stimmen. Kireljkoje heißt der verlockende Platz, wo es möglich sein muß, in Ruhe zu arbeiten. Ich ändere den Kurs und werde dann, als sei dies ein Zeichen des Himmels, von einem Tragflügelboot überholt, das auch nach Kireljkoje steuert. Bloß langsam mit der Maschine, damit wir nicht ganz so hart boxen. Endlich finden wir Schutz von Land. Ein paar ankernde Frachter und einen großen Leichter passieren wir, um schließlich auf glattem Wasser herrlich geschützt den Haken wegzuwerfen. Unheimlich Glück gehabt! Gute dreihundert Kilo wiegt der Mast, was sich etwas relativiert, weil wir nur an einem Ende anheben müssen. Wir binden alle Laschings los und heben das immer noch schwere Ding mit vereinten Kräften. Eine ganz neue Auflage bauen wir, wofür einiges Holz mit der Hand gesägt werden muß. Gab es mal kleine Unstimmigkeiten an Bord? Das ist längst vergessen, und wir fühlen uns wieder wie eine verschworene Gemeinschaft, die stark ist, wenn sie zusammenhält.

Nach getaner Arbeit sitzt das Team noch lange an Deck bei Wodka und Saft, Erdnüssen und Käsehappen. Es ist zufällig Vollmond, da sind angeblich die Kneipen immer besonders voll, trinken die Menschen gerne einen über den Durst. Bei ausgelassenen Gesprächen wird es spät in dieser guten Bucht, die friedvolle Stimmung verbreitet. Die Frösche quaken ihr Konzert, wie sich's gehört, und morgens ganz früh schon singen die Vögel. Seit St. Petersburg gab es keine Ankerung, bei der ich nicht den Kuckuck hörte. In Kireljkoje ruft einer mit Sprachfehler. Laut höre ich den Burschen auch unter Deck noch statt »Kuckuck« immer dreimal. »Kukkuckuck! Kuckuckuck!« von sich geben. Stottert das Tier? Oder ist's der Wodka gewesen?

Bei der für unseren Törn untypisch späten Abreise haben wir nur zwei Windstärken. Aber bald setzt Regen ein, und eine Front geht durch, worauf der Wind böig auffrischt. »Kommt erst der Regen und dann der Wind, so berge die Segel ganz geschwind.« Warum sollen solche alten Weisheiten nicht auch in Rußland gelten? Dicht unter der Steilküste hangeln wir uns entlang, denn bald peitschen acht Beaufort die Zweige von allerlei Buschwerk auf der Kante. Der Sturm fegt über uns hinweg und macht Schaumköpfe gar nicht weit in Lee. Spätestens nach der nächsten Ecke, wo kochende See von vorne kommen wird, ist mit Sicherheit zunächst Ende der Reise. Wieder einmal studiere ich die Karte auf der Suche nach einem Unterschlupf und bespreche mich mit

Sascha. Wird der Wind drehen, so daß wir dann plötzlich auf Legerwall sind? Wir entscheiden, die Mündung eines kleinen Baches anzusteuern, um dort auf Abflauen zu warten.

Dolinowka heißt die Schutzbucht, die wir aussuchen und die sich dann in der Realität als wahres Paradies erweist. Der Fluß macht eine Biegung nach links in niedrigen Baumbestand hinein. Vor der Kurve ganz dicht an einer Sandbank werfen wir den Anker. Hügeliges Land nach Westen zu gibt uns Schutz, in östlicher Richtung wirkt das weiß gepeitschte Wasser, als ob man auf die Weite des Meeres hinausblickt. Das jenseitige Ufer des Stausees ist trotz klarer Sicht irgendwo weit hinter der Kimm. Wenn ich's nicht besser wüßte, würde ich niemals glauben, daß wir hier am Ufer der Wolga liegen. Ein dichter Laubwald grünt an Backbord, blumenübersäte Wiesen sehe ich, Schilfinseln im Fluß, einen Strand mit allerlei angeschwemmtem Holz. Zwischen schnell ziehenden Wolken, die wandernde Schatten werfen, scheint die Sonne und wärmt uns kräftig, trotz des starken Windes.

»Wäsche, baden, arbeiten am Schiff, Idylle.« Solche Stichworte schreiben wir in unsere diversen Kladden, es wird schließlich nicht nur ein Schiffstagebuch geführt. Einen Urlaubstag gilt es zu genießen, Sweta und Sascha starten mit dem Beiboot flußaufwärts, um die Gegend zu erkunden. Bei ihrer Rückkehr beschenken sie uns mit einem großen Strauß wilder Blumen. Ausgiebiger Klönschnack zum Kaffee mit Keksen; es geht uns gut. Dann macht Sascha sich nützlich, indem er Abfall verbrennt und die Asche eingräbt. Klein fotografiert den *Clown* aus verschiedenen Perspektiven, stromert umher. Die Wäsche flattert zum Trocknen im Wind; Segeln ist Camping auf dem Wasser!

Beim Wellenbummeln am Funkgerät höre ich die Deutsche Welle und dann Norddeich so klar und laut, als stünde der Sender auf dem nächsten Hügel. Auf neunundvierzig Grad Ost ankern wir hier, fast auf der Länge von Teheran. Weil der Mast gelegt ist, empfangen wir ohne Antenne. Große Bewunderung meinerseits, was moderne Technik angeht. Vor dreißig Jahren hätte ein guter Funker drei Nächte durcharbeiten müssen, um einen Bruchteil dieses Empfangs aus den Kopfhörern zu tricksen.

Leider drängt die Zeit. Wir brechen auf, als der Wind noch längst nicht schwach genug ist. Gegen den starken Seegang stampfen wir jetzt dicht unter der Küste entlang und versuchen dabei, jedes kleine bißchen Schutz auszunutzen. Dieser Törn wird dennoch eine nasse und gefährliche Reise. Der Außenborder muß gestoppt werden, weil er zu häufig in den hohen Wellen jaulend durchdreht. Die Abdrift des nun bloß noch schwach motorisierten Kats ist enorm und erfordert extremes Aufsteuern. Zudem steckt die Lehre mit dem fast verlorenen Mast in den Knochen. Nerven behalten, denn weiter müssen wir. Je mehr sich abzeichnet, daß wir möglicherweise doch ganz Rußland durchqueren, desto öfter kombinieren wir schon mal bilanzierend die vielen Meilen von Istanbul nach Hause und das Ende meines Urlaubs. Jammerschade ist die Hetzerei gleichwohl, denn hier gäbe es so vieles noch zu sehen, und viele Monate brauchte man eigentlich, wollte man die Fahrt auch als Bildungsreise und Entdeckertörn begreifen.

Im Morgengrauen lesen wir das Wort Lenin als riesigen Schriftzug auf grünem Rasen am Hang. Wir lassen Uljanowsk, die Geburtsstadt des großen Revolutionärs, trotzdem aus. Das Geburtshaus wäre zu besichtigen, das Museum mit Bibliothek und Filmtheater. »Steuern nahe der Küste, um den steifen Fallgegenwinden zu entgehen.« Klein schreibt den Satz ins Tagebuch und mag an diesem Tag nicht mal frühstücken. Um meine Gefährten nicht völlig zu entkräften, ankere ich zu Mittag im Schutz eines steilen Abbruchs. Eine warme Mahlzeit bewirkt oft Wunder; es werden gebratene Brachsen aus der Wolga serviert. Wir haben auf unserem Kurs gen Süden nun die ungefähre Breite Hamburgs erreicht; folgerichtig gibt es Regenschauer nach dem Nachtisch.

Wir reisen nun durch einen Abschnitt der Wolga, der allgemein als der schönste Teil des Flusses beschrieben wird. Eine saftig grüne Hügellandschaft mit Laubwäldern am Horizont, ein weites welliges Land, erstaunlich dünn besiedelt zur Rechten. Auch wenige Meter vom Ufer ist das Wasser tief, weshalb wir zuweilen ganz dicht an sauberen Kieseln und Sand entlangfahren. Ständig gibt es etwas zu entdecken: Die Steilküste mit vielen Landabbrüchen und abgestürzten Bäumen sorgt für Abwechslung. Große Greifvögel beobachten den Kat, ein Reiher stolziert in einer flachen schilfigen Seitenbucht herum. Ein kleiner Naturfriedhof mit Gräbern zwischen Sträuchern und Stauden liegt malerisch am Ufer. Welch friedlicher Ort!

Die berühmte Retortenstadt Togliatti ist dann ein Häuserbrei ganz ohne Charakter. Riesige Wohnblocks schon von ferne und die hohen Schornsteine von allerlei Fabriken, in denen Autos hergestellt werden. Wir erinnern uns noch gut daran, wie vor Jahren das Gezerre westlicher Konzerne um den Auftrag unsere Medien beschäftigte. Nun sehen die Werke aus wie stillgelegt, und die nicht arbeitende Bevölkerung ist im Umfeld der Schleusenanlage auf den Beinen. Zwei Kammern senken uns vierzehn und fünfzehn Meter abwärts; während der Zeit an der Wartepier ist allerlei Schnackerei zwischen Sascha und den Spaziergängern angesagt. Erstaunlich, daß sich so viele Menschen im Arbeitsbereich aufhalten dürfen. Vor Anker ist man ungestört! Das Eisen fällt bei der Insel Sosnowi, und wir freuen uns über die Windstille nach dem Geblase der letzten Tage. An einem wolkenlosen Himmel funkeln die Sterne, fast ist's noch Vollmond über der Wolga. Nur Hundegebell, der Ruf des Kuckucks und das Quaken der Frösche sind zu hören. Tiefschlaf in dieser Nacht, und welch ein Morgen dann in Rußland! Wäre ich reich, würde ich Malern einen Wolgaurlaub schenken.

Über die Grenzfeste Samara bis Saratow

Bei Samara macht der Strom einen gewaltigen Bogen, fließt zunächst nach Westen und später wieder südwärts. Wir erreichen hier unsere östlichste Länge mit über fünfzig Grad Ost und sind nur noch gute dreihundert Kilometer von den Ausläufern des Ural entfernt. Auf der Karte zeigen wir uns gegenseitig, wo Moskau liegt, und die ganze Dimension unserer Fahrt geht uns auf bei solchem Tun. Samara, die östlichste Stadt an der Wolga, wurde als Grenzfeste auf dem linken Ufer gegründet, was vielleicht deshalb möglich war, weil sich ein niedriger Hügel im versteppten Flachland erhebt. Viele Kilometer reisen wir am dicht bebauten Hang entlang, passieren die breite Hafentreppe, viele Passagierdampfer und ein modernes Hotelhochhaus. Am südlichen Ende der Stadt mündet der kleine Nebenfluß Samara, in den wir einlaufen, und wo wir in einem Hafenbecken mit allerlei aufgelegtem Schrott ein Plätzchen finden. Der große Leichter, an dem wir festmachen, und die »wrackigen« Seelenverkäufer um uns her sind nicht gerade vertrauenerweckend. Doch am flachen Ende des Seitenarms findet sich ein Strand mit lebhaftem Badebetrieb. Bikinis, braungebrannte Jugend, Ferienstimmung! Über die Geleise des Güterbahnhofs marschieren wir in den Ort.

Obgleich wir den Ural fast erreicht haben, ist Samara eine europäische Stadt. Ich werde diese Erkenntnis als eine unvergeßliche Erfahrung bewahren. Dieser Ort und die anderen Städte, die wir besuchten, sind niemals westliche Vorposten irgendeiner feindlichen Macht gewesen, sondern sind geprägt von europäischem Geist. Die Bausubstanz, die prächtigen Fassaden und die alten Kirchen, die Geschichte dazu, erinnern mich an die Jahrhunderte enger kultureller und wirtschaftlicher Bindungen. Wer Jaroslawl sieht, in seiner Blütezeit eine der modernsten Städte Europas, wer Nischni Nowgorod mit seinem von 1374 bis 1511 erbauten Kreml besucht oder wer in Samara umhergeht, der wird dies mit Händen greifen können. Es war ja nicht nur so, daß die Zaren deutsche Prinzessinnen heirateten; Handwerker und Kaufleute, Künstler und Wissenschaftler reisten emsig hin und her. Was ist nicht erst im Ersten Weltkrieg alles an Bindungen gekappt worden! Möge der Kontinent sich auf seine einstigen Wurzeln besinnen.

Sogar hier, so weit draußen im Land, gibt es alles zu kaufen. Wir sind wieder einmal überrascht von der Fülle der Waren auf dem Markt und an den Ständen. Das fast komplette Angebot westlicher Supermärkte ist ausgebreitet. Die Präsentation auf simplen Regalen und Tischen, der Mangel an dekorierten Schaufenstern, mag Anlaß sein zum Meckern. Aber Rheinwein kann man haben, Fleisch und Käse, frisches Gemüse sowieso. Die Früchte der Saison kaufen wir bei dem phantastisch günstigen Kurs für ein Spottgeld und Bananen ebenfalls. In dieser Gegend müssen zur Zeit die Erdbeeren reif sein, denn sie locken uns mit ihrem herrlichen Aroma zum Kauf. Die Marktfrau, der wir den gesamten Vorrat abnehmen, scheint irgendwie den Kopf zu schütteln über das Gebaren dieser seltsamen Ausländer. Auch für Swetas verlorene Sonnenbrille gibt es modischen Ersatz mit Schick. Das Mädchen wird täglich schöner.

Sascha gerät ein wenig in Aufregung, denn die Leute vom Leichter, an dem wir anlegen durften, wollen mehr Wodka haben! Angeblich war schon von Mafia die Rede und von unserem angeblichen Reichtum. Eine große Horde badender Jungs schwimmt zudem zwischen den Rümpfen herum und hangelt sich am »Jan Mehr« hoch. *Sposmoker* lesen die klugen Burschen durch eins der Transparente hindurch. »Deutsche! Das sind Deutsche!«

Unsere Identität ist schnell erraten. Vielleicht ist es doch besser, die Reise fortzusetzen? Ich rede noch ein wenig Unsinn von nicht unterkriegen lassen, und daß ich mich noch niemals Gewalt gebeugt habe. Aber Renates Angst gibt den Ausschlag, und Klein scheint ebenfalls fürs Auslaufen zu sein. Am Ende hat der Schiffsrat gewonnen; ich wäre gern noch länger in Samara geblieben.

Mit einem zauberhaften Morgen beginnt der nächste Tag. Wir reisen durch hügeliges Land voller Weite, mit fernen Höhenzügen unterm Sommerhimmel. Die vorderen Netze werden zum bevorzugten Aufenthaltsort, weil dort das Maschinengeräusch weniger stört. Auf dem umgedrehten Beiboot träume ich in die Wolken und nehme ein Sonnenbad. Am Mittag dieses ungetrübten Urlaubstages treiben wir mit gestoppten Maschinen auf einer blauen Breite, lassen uns Nudeln und Rotwein schmecken, der in den Gläsern funkelt und leuchtet.

Später erinnert uns eine Gaspipeline nach Sibirien an zu Hause, wo laut Deutscher Welle immer noch fast vierzig Grad und Trockenheit herrschen. Wie mag der Garten wohl aussehen? Sascha entpuppt sich als »russischer Grüner« und hält einen langen Vortrag über die Möglichkeiten, die Welt zu verbessern.

Abends warten wir eine Stunde vor der Schleuse von Balakowo und exerzieren die üblichen Spielchen mit Papieren und allerlei Fragen. Irgendwie hat die Crew des *Clown* ein dickes Fell bekommen; so angsteinflößend wie zu Beginn der Reise sind die Bürokraten längst nicht mehr. Wird schon weitergehen! Man senkt uns sechzehn Meter!

Während der nächsten Ankerung an einem geschützten Plätzchen gehen wir alle zu Bett, als hätte es Gedanken an Überfälle nie gegeben. Die Gegend ist lieblich, Hügel und Höhenzüge zur Rechten bestimmen das Bild. Zuweilen wird die Küste flacher, und Einschnitte gewähren uns für einige Minuten weite Sicht übers Land. Der Waldgürtel liegt hinter uns, und Grasland mit wandernden Viehherden und Hirten zu Pferde läßt wieder an Amerika denken. Gelegentlich sieht man ein beackertes Feld, einsame Farmen, Getreidesilos. Erst bei den Städten Marx und Engels wird, wie könnte es anders sein, das Wetter schlechter, motoren wir durch Dauerregen.

Im Raum Saratow passieren wir gewaltige Brücken, die mich an Juris Erzählungen von der militärischen Bewachung aller irgendwie wichtigen Objekte erinnern. Auch sämtliche Schleusenanlagen wurden früher rund um die Uhr streng bewacht. Nirgends konnte man auf der Wartepier herumlaufen, sich die Umgebung ansehen, ohne daß jemand bedrohlich mit der Kalaschnikow im Anschlag aus dem Gebüsch sprang. Aufgelegte

Kriegsschiffe im Päckchen passen dann ins Bild vom allgegenwärtigen Wandel. Mit Klein spreche ich über die Höhe der Signalmasten und der Radardome auf den grauen Einheiten von beachtlicher Größe. Wenn die bis hierher überall unter den Brücken durchpaßten ... Ob wir vielleicht doch unseren Mast ...? Lassen wir's lieber, weil wir sonst auf Brückenöffnungen angewiesen sein würden; so wie jetzt sind wir unabhängig.

Die Stadt Saratow selbst fällt auf durch große Industrieanlagen und einen Hafen, der mit vielen Kränen und lebhaftem Treiben an den Piers beeindruckt. In diesem Ort scheint wirklich noch produziert zu werden, und auf dem langen Verschiebebahnhof, an dem wir entlangreisen, stellt man Güterzüge zusammen, rollende Reisewaggons, die aus der ehemaligen DDR stammen. Sweta erzählt, daß die Personenzüge aus deutscher Produktion allgemein begehrt waren, das Volk gern in den als luxuriös geltenden Wagen reiste.

Wir suchen mal wieder Diesel, wobei ich mich allmählich damit abfinde, daß wir nicht an einer normalen Tankstelle kaufen. Nach einem windbedingten haarigen Manöver beliefert uns eine Barkasse mit Diesel. Obgleich Baku und die Quellen im Kaspischen Meer jetzt nahe sind, ist der Stoff hier teurer als im Norden. Saratow ade, in der Bucht von Mordowo ankern wir schon bald nach zwanzig Uhr für die Nacht.

Dieser Wolgograd-Stausee entpuppt sich als ein irres Segelrevier. Nicht umsonst veranstaltet der Yachtclub von Wolgograd überregionale Regatten, die in ganz Rußland Beachtung finden. Gelegentlich haben wir uns ja als anreisende Sportler ausgegeben. Über vierhundert Kilometer lang und bis zur weiten flachen Landschaft im Osten um die vierzig Kilometer breit, erstreckt sich nun, was man eher als Binnenmeer bezeichnen möchte. Buchten gibt es zuhauf und scheinbar unberührte Natur im dünn besiedelten Land. Die Steilküste des Westufers ist ein Paradies für Vögel, sogar zwei Adler sehen wir und zuweilen tolle Formen im kalkartigen losen Gestein.

Zu Füßen des Dörfchens Banowka binden wir an einem rostigen Leichter fest, der als Anleger für Passagierboote dient. Nur eine dicke Bohle ohne Geländer ist die Brücke an Land, würde bei uns niemals so durchgehen. Aber die Menschen sind nett, und eine alte Frau pumpt uns sogar zwei Kanister Wasser aus ihrem eigenen Brunnen. Welch ein verhutzeltes Mütterchen mit Kopftuch und lustigen Augen im Hexenhaus mit Sonnenblumen und Staketenzaun! Zuweilen übertrifft die Wirklichkeit die Klischees der Reisenden. Ein Gefängnislager passieren wir später mit vier blauen Türmen, auf denen Soldaten oder Polizisten in Uniformen Wache halten. Ernüchterung! Die Reise des *Clown* ist ein Experiment, und noch sind wir nicht durch! Wolgograd heißt der nächste Knackpunkt der Reise, denn dort beginnt ein neuer Verwaltungsbezirk.

Niemand, der den letzten Krieg bewußt miterlebt hat, kann hier ohne gemischte Gefühle unterwegs sein. Zum hohen Ufer deute ich und erinnere Klein daran, wie viele Stoppelhopser zu Fuß bis an diesen Strom laufen mußten und die Heimat nicht wiedersahen. Mein Makker sieht mich ernst an und erzählt, wie seine Mutter weinte, als wir den Russen den Krieg erklärten. Zufällig ist auch mir dieser Tag noch in Erinnerung, denn er verlief ähnlich. Meine Mutter hatte Kaffeebesuch von anderen Frauen, doch viel wichtiger als Bienenstich und Butterkuchen waren an diesem Tag das Radio und die Sondermeldungen. Nur für den dummen Jungen, der ich noch war, klang's positiv und flott und kernig. Die ernsten Gesichter und das Geheule der Weiber paßten wirklich nicht zur Marschmusik und den ersten Erfolgen unserer Truppen. Vielleicht blieb die Situation der Diskrepanz zwischen Hurra im Volksempfänger und der Betroffenheit der Gäste wegen Stalingrad haften, dem wir uns nun mit dem Kat nähern. Stalingrad brachte die Wende. Nach Stalingrad wurde das Tanzen verboten. Nachdem wir jetzt nur einen kleinen Teil dieses riesigen und reichen Landes gesehen haben, frage ich mich im Angesicht der Hügel dort nördlich der Stadt, warum sich das kleine Deutschland mit solch einem Gegner messen mußte. Dann erzähle ich Klein von meinen ersten Reisen nach New York.

Ein jeder, der damals von Amerika zurückkam, redete über die Dunkelheit unserer Städte, wie klein die Autos in Europa seien. Ein helles reiches Glitzerding schienen uns die Staaten zu sein, in denen schier unermeßlicher Wohlstand herrschte. Bei uns lagen noch Trümmer herum, Wracks und rostender Schrott. Dort aber pulsierte Licht und Leben rund um die Uhr, und Straßenkreuzer glitten auf felderbreiten Highways dahin. Den Timesquare sah ich in jener Zeit, der als Nabel der Welt galt. Im Central Park lief ich umher und sauste später im Expreßaufzug zur obersten Etage des Empire State Building. Zurück an Bord fragte ich die Älteren, wie um alles in der Welt Hitler sich mit diesem Land anlegen konnte. Eine richtige Antwort gab es damals nicht, aber hier auf dem Wolgograd-Stausee gibt mein Macker eine bemerkenswerte und einleuchtende Erklärung: »Die waren ja nicht gereist! Was kannten die denn von der Welt!«

Am letzten Abend vor Wolgograd finden wir eine ganz besonders heimelige Bucht in einem schmalen und tiefen Einschnitt. Ich brauche beim Einlaufen ein wenig

Mut, weil der Kat gerade eben in der Breite paßt zwischen eine zum Glück steile Kiesbank und das Schilf auf der gegenüberliegenden Seite. Langsamste Fahrt und Ausguck vorne! Wir schieben uns so vorsichtig hinein, daß eventuelles Festkommen nicht gleich zur Katastrophe führt, aber der Aufwand lohnt sich. Welch ein geschütztes Plätzchen mit Weidenbüschen am Ufer, dem Duft von Wiesen und Blumen nach einem warmen Sommertag! Als die Krachmacher schweigen, sind allerlei Vögel zu hören; ein Feldhase reckt sich hoch im Gras, um das seltsame Gefährt besser studieren zu können. Wir essen draußen, schnacken ein wenig, und ich vergleiche den perfekten Naturhafen mit einem bestimmten Priel bei uns, der nach »trickiger« Mündung den gleichen Schutz bietet. Irgendwann komme ich dann auf meinen Macker von Olenfeld, den doppelten Doktor und seine alte *Wattenperle*.

Von Olenfeld rangiert bei uns gesellschaftlich ganz oben, besitzt eine gutgehende Firma mit tausend fleißigen Leuten und segelt nostalgischer Gefühle wegen sein uraltes Holzschiff, das eigentlich zu dem großen Boß nicht paßt. War's vielleicht ein Hang zum Irrationalen, daß der gute Ole während seiner kargbemessenen Freizeit all seine Zuwendung und Fürsorge der stellenweise schon angerotteten *Wattenperle* schenkte? Auch richtige Perlen können altersfleckig werden. Warum, um alles in der Welt, ließ der reiche Mann das gute Erbstück nicht einfach fachmännisch aufarbeiten?

Schlechte Erfahrungen mit bezahlten Leuten und ein unverständlicher Kult um den alten Kahn, hatten immer größere Bereiche der *Wattenperle* zur Tabuzone werden lassen: »Da laß ich keinen Fremden ran.«

Der Doppeldoktor engagierte sich fünsch und grub mal mit hochgeschobenem Ärmel im schlammigen

Dreck der öligen Bilge nach dem Saugkorb, bürstete mit einer Rostbürste die unverzinkten Glieder der Kette einzeln sauber oder verkeilte sich fast zwischen dem Gestänge des dereinst vom Vater selbstgeklempnerten Pump-WCs. »Hast du das nötig?«

Bei einem guten Gewächs, von dem zwölf Flaschen teurer waren als das angerottete Holzschiff auf dem Gebrauchtbootmarkt, stellt man solche Fragen. Und die Antwort ist klar: »Das verstehst du nicht.«

Es hatte sich eingebürgert, daß ich Ole beim Auf- und Abslippen half, und irgendwann sah auch ich ein, daß man die Spezialbehandlung der betagten Planken einem Fremden weder zumuten noch überlassen konnte. Die Stichworte Gartenspritze und nasse Säcke verraten dem Kundigen sicher alles. Das Schiff vertrug sein angestammtes Element im Frühjahr nur in kleinen Dosen, zunächst zögerlich und ratenweise verabreicht, und sein Schipper und ich geben uns regelmäßig viel Mühe, dem alten Mädchen das Schwimmen wieder beizubringen.

Jeder erfahrene Yachtie, der das bisher Gesagte phantasievoll resümiert und sich im Geiste die betagte Maschine vorstellt, auf die das Deutsche Museum in München ein Vorkaufsrecht angemeldet hat, wird sich ausmalen können, wie wir beide beim ersten Probetukkern aussahen. Wer wollte größere Gegensätze erfinden, als die *Wattenperle* mit den beiden ölverschmierten und schlickverdreckten Männern und die riesige Luxusyacht, die eines Tages vor der Einfahrt zum Hafenpriel unseren Kurs kreuzte? Wir hatten nur einmal probehalber motoren wollen, und nun begegnete uns dort eine englische Yacht von solcher Schönheit, daß sogar mein guter Doppeldoktor nachdenklich berührt schien. Doch schon winkte der Skipper des Luxusschlittens uns näher heran, holte die Segel back und trieb mit leichter Lage, so daß wir das makellose Deck mit seiner ganzen Schönheit bewundern konnten. Maß das Schiff wohl über zwanzig Meter? Und war sogar der altgoldene Ton des frischgeputzten Messings mit dem rötlichen Hauch des massiven Mahagonis farblich abgestimmt? Ein richtiges Schiff, vom Klippersteven bis zum riesigen Union Jack, dessen Zipfel gerade eben die Wasseroberfläche küßte! Der Unterschied zu jedem anderen Boot ließ sich mit Händen greifen, so wie die elitäre Stellung des Autorität ausstrahlenden Paares an Deck noch durch den uniformierten Rudergänger unterstrichen wurde.

»Wieviel Wasser steht im Priel?«

Ich fragte dagegen, wie groß sein Tiefgang sei, und hörte, daß er den hydraulisch auf einsachtzig verringern könnte. Beim augenblicklichen Stand der Tide würde es genügen, denn zwei Meter wären wohl schon aufgelaufen, und bei Ebbe fiele er trocken. Trockenfallen kannte der Gentleman von zu Hause, und vom Segeln verstanden die beiden offenbar jede Menge, denn wie sie das große Geschütz zum furchtlosen Einlaufen klarmachten, verdiente Anerkennung. Schließlich ist der schmale Schlickgraben nur mit ein paar Maibüschen markiert, und große Hochseeyachten folgen selten seinen Windungen.

»Sollen wir lotsen? – Like us to pilot you?«

Dann steuerten sie zügig in der tiefsten Rinne längs, wir zeigten ihnen den besten Platz im Hafen, halfen beim Festmachen und gingen als Kontrapunkt längsseits. Und plötzlich waren wir eingeladen, würden sie doch in einer halben Stunde das Dinner servieren. Nach der Plackerei mit Oles Perle spürten wir Hunger, aber anstandshalber zierten wir uns mächtig, ließen uns irgendwie überreden und nahmen endlich dankend an. Welch unzulänglicher Versuch, das pechschwarze Öl mit Lappen von den Nagelrändern zu reiben, denn Wasser hatten wir zwar außen- und innenbords, aber im Schapp noch keine Seife. Doch so eine richtige Yacht interessiert nun mal!

Ein edler Salon mit abgestepptem dickem Leder, schwerem Messing und poliertem Mahagoni! Und daß die Herrschaften sich umgezogen hatten, wen wundert's, der mit den Gepflogenheiten gesitteter Engländer seit langem vertraut ist. Die Queen lächelte vom obligatorischen Gemälde an der Wand, es gab einen Drink, wie es sich gehört, und ein bezahlter Koch wurde vom Rudergänger unterstützt, der jetzt in weißer Jacke den Steward machte. Man gab sich Mühe, uns zu verwöhnen, die wir auf der Times als Unterlage gegen den Schmutz saßen, unsere Titel verschwiegen, über das Leben beidseits der Deiche schnackten, nur abwechselnd mal rübergingen zur *Wattenperle*, um ein wenig zu lenzen. Schließlich wurden wir huldvoll verabschiedet und wußten am nächsten Tag nicht, ob das Ganze nur geträumt war, denn der große weiße Schwan hatte mit dem Morgenhochwasser unser Schlickloch verlassen.

Als ich einige Zeit nach dem zufälligen Treffen wieder einmal in London war, blätterte ich irgendwo beim Warten in den neuesten Yachting Magazines und entdeckte zufällig unsere Freunde. »Frühlingskreuzfahrt zur Baltischen See.« Der so überschriebene Artikel war mit tollen Aufnahmen illustriert; unser kleiner Hafen war besonders gut getroffen, wurde »pittoresk« genannt und mit unverwechselbarem Charakter ausgestattet. Gespannt blätterte ich um und entdeckte den Doppeldoktor und mich in verdreckten Overalls, dazu die *Wattenperle* nicht gerade von ihrer Schokoladenseite. »Two typical natives of the marschland around!« Und Lord und Lady Heathencomb of Shorthorn berichteten, daß die zufällige Bekanntschaft mit zwei so ursprünglichen Einheimischen der Marsch eine ganz besonders reizvolle Erinnerung bedeutete. Man bezeichnete uns sogar als »unique«, was ja wohl soviel wie einzigartig bedeutet.

Mit Swetlana sitze ich am nächsten Vormittag vorne auf dem umgedrehten Beiboot in der Sonne, wo der Lärm der Diesel nicht so stört. Ziemlich unvermittelt fragt das Mädchen, wann ich zum ersten Mal Russen begegnet bin. So erzähle ich von meiner Mutter und »unseren« Russen. Bei uns zu Hause wurde alle Welt mit milden Gaben beschenkt. Sehr zum Mißfallen meines Vaters. Im Krieg ausgebombte und evakuierte Großstädter, auch Flüchtlinge, alle bekamen ein Dach über dem Kopf. Später, als es den »Bundis« wieder gut ging, erhielten Landstreicher und Gestrauchelte aller Art ein warmes Plätzchen, Essen und heimlich auch Geld. Uns Kindern war deshalb der Umgang mit »Monarchen«, wie mein Vater Obdachlose nannte, bestens vertraut, und eigentlich möchte ich diese Schule des Lebens nicht missen. Doch zurück zu meinen ersten Kontakten zum bösen Feind.

Große Rüstungswerke arbeiteten in der Nähe meines Heimatortes, und zusätzlich wurde die unterirdische Produktion von Vergeltungs- und Wunderwaffen vorbereitet. Tag- und Nachtarbeit auf Hochtouren erforderte große Mengen von Arbeitskräften, weshalb auf dem freien Gelände um die Fabriken herum riesige Barackenlager entstanden. Postenbesetzte Wachtürme, Stacheldraht und Hunde sah ich deshalb auch als Junge schon.

Ich weiß nicht, ob die Regelung, um die es geht, für jedermann galt, doch unter bestimmten Voraussetzungen, die ich nicht kannte, konnte man sich aus den Lagern Arbeitskräfte leihen. Und weil meine Mutter alleine war mit einem großen Haus und einem Garten, den die Leute in der Umgebung Park nannten, ging sie eines Tages hin, um sich ein paar Männer zu borgen. Die Pflege des Grundstücks, Holzhacken und ein bißchen Landwirtschaft überstiegen nun einmal ihre Kräfte. Haftengeblieben ist die Schilderung ihres ersten Besuches im Lager, als sie fünf Helfer aus einer vielköpfigen Schar bettelnder, bittender Männer auswählen mußte. Die fünf Glücklichen kamen dann öfter. Bald unterschieden wir Vladimir mit dem Goldzahn, trotz allen Elends ein lustiges Haus, und Iwan, den Hinkefuß. Beide wirkten wie gleichberechtigte Rudelführer, radebrechten einzelne deutsche Brocken und sagten den anderen, was getan werden sollte.

Vor jedem Einsatz bei uns wurde aber erst einmal gewaltig gegessen.

»Die armen Menschenkinder! Diese armen Menschenkinder!« So etwa murmelte meine Mutter, wenn sie einen Wecktopf aufsetzte, um mit viel Fleisch und wenig Erbsen einen Eintopf zu kochen, über dessen schnelle Vertilgung mein Bruder und ich immer aufs neue staunten. Gute Behandlung also und den schwachen Kräften entsprechend keine Überforderung beim »Rabotti«, mein erstes russisches Wort übrigens. Zum Abschied, wenn die Jungs zurückmußten ins Lager, gab es riesige Stullenpakete, was offiziell verboten war, aber wegen der guten Beziehungen zu den Bewachern durchging.

Mit der Zeit kamen wir uns näher. Und der Krieg ging zu Ende, die Amerikaner rückten vor. Zwischen dem Abzug der Deutschen und der Ankunft der Amis lag eine Woche voller Angst und Schrecken. Frauen, Kinder und Greise flüchteten in die umliegenden Wälder, die Männer waren ja eh nicht zu Hause. Die riesigen Arbeitslager aber blieben sich selbst überlassen, und ein allgemeines Plündern und Verwüsten begann. Eingeworfene Fensterscheiben, zerschnittene Federbetten, zerstörtes Mobiliar, hier und da ein Feuer. Solche Verwüstungen sahen wir zum ersten Mal, als wir uns zurücktrauten in den Ort, und hatten Angst, wie's bei uns wohl sein würde. Die Fenster heil! Soviel war nach der letzten Biegung der Straße schon klar. Alle Türen standen offen! Aber nicht die kleinste Kleinigkeit war beschädigt, beschmutzt oder weggenommen. Unsere Russen! Unsere Russen müssen das Haus einer guten Frau gegen ihre Landsleute verteidigt haben. Nicht einen aus der Gruppe haben wir jemals wiedergesehen.

Während des letzten Drittels meiner Erzählung hat Sascha sich zu uns gesellt, hat Swetlana begonnen, simultan zu übersetzen. Vielleicht muß der Mann seine Rührung kaschieren, indem er ärgerlich fragt, warum man die alten Geschichten nicht ruhen lassen könne.

»Sie sind Teil unseres Lebens, Sascha. Erinnerungen, die prägen, und Mosaiksteine im Zusammenleben der Völker. In meiner Jugend gab's noch den Sedantag, und alte Leute redeten viel von Verdun, von Mars la Tour sogar. Aussöhnung mit Frankreich erst so richtig, als die persönlich Betroffenen weggestorben waren; im Zweiten Weltkrieg wurde mit Frankreich ja nicht erbittert und über lange Zeit gekämpft. Auch unsere Länder werden mal wieder enge Freunde werden. Deshalb sind wir ja hier.«

Wolgograd beeindruckt tief

Die Stadt hieß ursprünglich einmal Zarizyn und wurde einst von Nomaden und Kosaken überfallen. Wie an anderen Plätzen entlang der Wolga gab es auch hier seit Katharina der Großen eine beachtliche deutsche Kolonie mit einer Art eigenem Stadtteil. Wir nähern uns dem früheren Stalingrad von Norden und begegnen während der letzten Stunden etlichen Yachten. Dann kommt der lange Staudamm in Sicht und zur Linken die letzte Schleuse der Wolga. Von hier bis zum Kaspischen Meer fließt der gewaltige Strom weitgehend naturbelassen und ungehindert.

»Volzhzky-Schluissa, Volzhzky-Schluissa. Yachta *Clown*!« Alexander bemüht sich schon weit vor der Mole nach Kräften um eine Sprechverbindung und schimpft auf unsere leeren Batterien. Ein wenig nervös scheint mir der Mann, was damit zu tun haben muß, daß während unserer Vorplanung die Gespräche häufig um diesen Ort kreisten. Gelangen wir doch an eine wichtige Station, das Ende (oder den Anfang) der Wolga-Kanal-Passage. Deshalb ist hier strenge Kontrolle zu erwarten. »In Wolgograd festgehalten!« Wie oft haben wir diesen Alptraum beschworen. Keine Antwort, bis wir die Mole passieren, obwohl ich denke, daß man uns die ganze Zeit über gehört hat. Laut und unfreundlich quakt plötzlich eine männliche Stimme aus dem Gerät. Sascha nimmt ordentlich Haltung an.

»Da. Da. Da! Habe verstanden! Ja ponjo!«

Swetlana übersetzt, daß wir vorm Yachtclub ankern sollen und mit allen Papieren im Büro zu erscheinen haben. Inspektion dräut! Kurze Ablenkung aber doch. Ein großer russischer Kat, mit drehbarem Flügelmast sogar, kommt uns entgegen und läuft auf Rufweite ein Stück mit. Die freundliche Einweisung der vielköpfigen Männercrew mildert unsere Bedenken ein wenig. Das hochmoderne Schiff mit einem Hauch von Hightech macht uns staunen. Wir ankern dennoch ernst und in Erwartung großer Schwierigkeiten. Mit Klein mache ich das Boot klar, helfe Sascha beim Einsteigen und sage, daß in Stalingrad schon ganz andere Leute ihr Waterloo erlebten.

»Mach's gut, alter Freund. Hast du genügend Rubel mit?«

Ein großes Päckchen aufgelegter Fluß-See-Schiffe wirkt wie ein künstlicher Wellenbrecher und Windschutz auf unserem Platz. Aber die alten Fahrzeuge sehen ungepflegt aus und schlecht gewartet. Aus achtlos offengelassenen Fenstern flattern Gardinen, zerrissen und schmutzig. Von einigen Radarmasten sind die Antennen abmontiert, ein paar Rettungsboote fehlen. Vielleicht ist dieser Haufen alter Dampfer ein schwimmendes Ersatzteillager für all jene, die trotz des wirtschaftlichen Niedergangs noch Arbeit haben. Die vielen aneinandergebundenen Schiffe, die Tausenden von Seeleuten eine Heimat auf Zeit gewesen sind, haben dennoch etwas Bedrückendes für mich. Wegwerfdampfer, auf Verlust gefahren und gebrechlich geworden.

Heitere Akzente setzen dann die Jugendlichen des Yachtclubs, die in offenen Jollen umherflitzen. Frische aufgeweckte Gesichter sehe ich und den riesigen Spaß, den Segeln nun einmal macht. Unwillkürlich streiche ich mit der Hand über *Sposmokers* Winschentisch. Wo mag Sascha wohl bleiben?

An Land pflücken Frauen Kirschen von den Bäumen. Einige Männer arbeiten am Unterwasserschiff eines Einrumpfbootes von etwa zehn Metern Länge. Aus der Bootslagerhalle weht das an- und abschwellende Geräusch einer elektrischen Schleifmaschine übers Wasser. Der Kat richtet seine Hecks nach dem Winde und zerrt ungeduldig an der Kette. Abwechselnd suchen wir den Uferweg mit dem Fernglas ab und entdecken Alexander, der langsam und nachdenklich vor sich hinschlendert. Unser Beiboot am Steg ignoriert der Gute. Wie auf Urlaub spaziert der Kerl zu einigen auf dem Slip arbeitenden Männern. Als habe er uns völlig vergessen, plaudert mein Pilot mit seinen Landsleuten; Zigaretten werden herumgereicht, man scheint sich zu amüsieren. Mit dem Fernglas beobachte ich die Szene, sehe Sascha weiterwandern und auf einen Mann treffen, mit dem er sich ebenfalls ausgiebig unterhält. Danach entschwindet er eiligen Schrittes zwischen den Schuppen des Clubs. Ich hätte so gern gewußt, was vorgeht.

Später erfahren wir, daß uns wieder einmal ein glücklicher Zufall geholfen hat. Im Verwaltungsgebäude behielt man die Papiere zwecks eingehender Prüfung. Alexander entließ man mit der Ankündigung, daß am nächsten Tag ein Inspektor kommen würde, um das Schiff zu untersuchen. Kein Wunder, daß ich den Mann nachdenklich und ernst den Weg entlangschlendern sah. Eine glückliche Fügung aber! Der einzelne Herr, den Sascha auf dem Clubgelände trifft, ist der Boß »vont Janze«. Nachdem er sich die Geschichte angehört hatte vom Katamaran aus St. Petersburg, der zur Regatta nach Odessa wollte, versprach der offenkundig mächtige Nothelfer eine schnelle Lösung der Probleme. Die lange Anreise und der sportliche Aspekt unseres Unterfangens müssen wohl Eindruck gemacht haben.

»Ich regle das. Kannst dich mit einer Flasche Cognac bedanken. Da hinten ist ein Supermarkt!«

Deshalb also Alexanders zielstrebiger Gang zwischen die Schuppen! Als mein Kundschafter zurückkam, waren unsere Papiere schon da, per Boten aus dem Büro herbeordert.

»Seht zu, daß ihr zur Schleuse kommt. Ich habe Bescheid gesagt, daß man euch nicht lange warten lassen soll!«

Glück gehabt, Yachta *Clown*! Man muß die richtigen Leute treffen, und wenn's per Zufall ist. Und eindringlich sei klargemacht: Die Buddel hatte nichts mit Bestechung zu tun. Solch hohe Herren haben andere Preise. Das war ein ganz normales Geschenk als Ausdruck unseres Dankes.

Renate hat sich eingelesen und kundig gemacht. Während wir die letzten Kilometer von der Schleuse zur Stadt abspulen, zeigt sie uns »Mutter Heimat«, eine riesige Frauenstatue mit einem zum Himmel gereckten Schwert in der Rechten. Die monumentale Figur überragt die Stadt und ist von weither zu sehen. Sie steht auf dem Mamajevhügel, wo die Gedenkstätten sind und die Ruhmeshalle. Diese höchste Erhebung bei der Stadt war strategisch wichtig, spielte in der Schlacht eine entscheidende Rolle.

Klein und ich sprechen über die ausgedehnten Industrieanlagen zur Rechten. Über das Traktorenwerk Nummer eins, und daß der legendäre Panzer T 34 in Stalingrad gebaut wurde. Die Schlote rauchen nicht an diesem Tag, und die kilometerlangen Komplexe wirken wie ausgestorben. Sascha erinnert daran, welchen Symbolwert der Qualm aus vielen hohen Schornsteinen einstmals hatte. Er zeugte von Fortschritt und Wirtschaftskraft, als man die Begriffe Umweltschutz und Luftverschmutzung noch nicht kannte. Laut und drekkig mußte damals alles sein, was Eindruck machen sollte. Helden der Arbeit schufteten in Sonderschichten und verzichteten freiwillig auf ihren Urlaub. Schweiß und schwielige Fäuste! Und bei der schlimmsten Placke-rei ein Lied zu Ehren von Väterchen Stalin. Das Leben ist eine Sinuskurve.

An der modernen Passagierpier Wolgograds liegen etliche Schiffe der Weißen Flotte. Eine breite Hafen-treppe, hübsch gestylt und mit Kunst am Bau verziert, unterbricht die lange Promenade und gliedert sie in einen nördlichen und einen südlichen Teil. Etwas ober-halb vom Zentrum machen wir mit Buganker und Heck-leinen zum steinernen Geländer hin fest, und beim An-legen fahre ich ungewollt einem jungen Angler in die Schnüre.

Eigentlich wäre der Mann zu einem richtigen Wutaus-bruch berechtigt gewesen. Ich bitte Sweta deshalb, meine lange Entschuldigung zu übersetzen. Freundli-ches Lächeln und eine erstaunliche Reaktion kommen als Antwort: »Angeln kann ich jeden Tag von früh bis spät. Fische gibt's hier sowieso nicht. Das Ganze ist doch nur langweilig. Ich freue mich über die Abwechslung! Wo kommt ihr her? Wo wollt ihr hin?«

Um den Guten noch mehr für uns einzunehmen, schenke ich ihm deutsches Bier und Zigaretten, was Sweta wiederum überhaupt nicht gefällt. Sie protestiert ohnehin jedesmal, wenn ich mich für kleine Gefälligkei-ten revanchieren möchte, und wirkt zuweilen, trotz ihrer jungen einundzwanzig Jahre, wie vom Leben hart ge-macht.

Beim ersten Ausflug in die Stadt liefert meine Dol-metscherin gleich die nächste Kostprobe für ihre We-sensart, die sich mit Gefühlsduseleien nicht aufhält. Quirlig und groß wirkt dieses Wolgograd mit dem star-ken Autoverkehr auf breiten Boulevards. Die Straßen und Bürgersteige sind voller Menschen, ein übrigens un-gewohntes Gefühl für reisende Seeleute. Sweta führt, übersetzt und erklärt und macht so einen alten Mann auf uns aufmerksam, der uns nicht von der Seite weicht. In gebrochenem Deutsch stellt der Kerl tausend Fragen nach woher und wohin, die ich aus Höflichkeit nicht alle unbeantwortet lassen kann. So hat er schnell heraus, daß wir auf einer Yacht reisen, bietet seine Dienste an, seine guten Verbindungen, macht schon Termine für den nächsten Tag. Sweta schimpft auf russisch mit ihm, zornig und sehr energisch, und wird auch einen Schritt schneller. Ich bitte sie, ein Taxi zu stoppen, vielleicht können wir auf diese Art entkommen. Dann zwängt sich doch der aufdringliche Kerl tatsächlich zu uns auf den Rücksitz und plappert weiter von seiner Führung am nächsten Tag und wo wir wann erscheinen sollen. Weil ich ums Verrecken nicht unhöflich sein kann, schon gar nicht zu alten Leuten, stimme ich halbherzig zu, überlege sogar laut, ob ich dem Mann nicht das Taxi zurück in die Stadt bezahlen sollte. Als wir endlich allein sind, überschreitet Sweta ihre Aufgaben als Dolmetscherin und macht mir eine regelrechte Szene. Am Ende ihres Gezeters frage ich, was ich hätte sagen sollen. »Geh weg, du alter Jude? Scher dich zum Teufel?«

»Ja!«Meine vom ganz besonderen Verhältnis unbelastete junge Russin kann deutsche Berührungsängste nicht nachvollziehen. Und ein paar Schimpfworte dazu wäre sie gern noch losgeworden. Eins sei aber auch klargemacht, von dieser kleinen Unstimmigkeit abgesehen, hatten Sweta und ich sonst niemals Probleme.

»Gutten Taak.«

Die junge Dame in Jeans und einem unglaublich schicken Blouson steht schon längere Zeit am Geländer und betrachtet das Leben und Treiben an Bord von Yachta *Clown*.

»Oh, Sie sprechen deutsch? In der Schule gelernt oder waren Sie in der DDR?«

Ich mache Anstalten an Land zu kommen, um quasi auf gleicher Ebene zu parlieren, was ein wenig Erschrekken bewirkt.

»Nicht gut verstehn.«

Ziemlich fließendes Englisch aber kann die Frau, und ich mochte es schon immer, mich mit Einheimischen zu unterhalten. Ihr Mann hat ein Geschäft, daher also die schicke Kledage. Womit er genau handelt, will sie nicht erzählen, aber mit Im- und Export haben seine Aktivitäten zu tun, was die Dame offenkundig mit Stolz erfüllt. Es sei dennoch schwierig, in diesem Land ein Geschäft aufzubauen, und viele ausländische Partner verlören einfach die Geduld.

»Bürokratie viel. Banken wenig Service. Telefon schlecht.«

Für diese negativen Urteile benutzt die unbekannte Russin die deutsche Sprache, ansonsten kommen wir auf englisch weiter und landen mal wieder bei meiner Frage nach den Ursachen. Es ist ja auch wirklich nicht zu verstehen, warum das Riesenreich mit so viel ausländischen Hilfsgeldern nicht endlich anfängt zu boomen. Erstaunlich gut informiert ist diese Gesprächspartnerin und liest offenkundig den Wirtschaftsteil englischer Zeitungen sehr aufmerksam. Als ich von Ostasien anfange, Singapur, Taiwan und Korea erwähne, von den »drei Tigern« spreche, weiß sie bestens Bescheid und bringt eine ganz neuartige Erklärung für die Misere in diesem Staat: Das Land sei einfach zu reich! Länder wie die eben zitierten, auch die Bundesrepublik zum Beispiel, ohne große natürliche Ressourcen, müßten sich eben wahnsinnig anstrengen gegen die Konkurrenznationen. Rußland habe von Kohle, Öl, Gas über Holz zu Gold alles, was das Herz begehrt, dazu in solchem Überfluß, daß sogar bei schlechten Preisen auf dem Weltmarkt noch etwas hängenbleibe an Gewinn. Da drängt sich bei mir sofort der Gedanke auf an Nordamerika und »God's own country«, an die ebenfalls an Bodenschätzen reichen Staaten. Bevor wir einen quasi deutsch-russischen Weltwirtschaftsgipfel veranstalten, muß mein interessanter Zaungast plötzlich ganz eilig fort. Ein Blick auf die Uhr und zum Abschied ein »Gutten Taak«, serviert mit einem reizenden Lächeln.

Vierzig Jahre Altersunterschied lassen sich nicht leugnen. Wir drei Deutschen können in Wolgograd nicht unbefangen sein, besitzt doch jeder von uns zum Teil nahe Verwandte, die hier gefallen sind oder die während der zweihundert Tage dauernden Schlacht um Stalingrad in Gefangenschaft gerieten. Gleichsam fröstelnd, trotz des herrlichen Sommerwetters, besuchen wir den Mamajew-Hügel und die Gedenkstätten, wo all das Elend wieder lebendig wird, das unsere Jugend überschattete. Renate, die Bombennächte hautnah erlebte, erschauert beim Schlachtenlärm aus dem Lautsprecher und dem Gejaule von Stukamotoren. Sweta scheint dagegen in Ferienstimmung, mondän angehaucht mit ihrer modernen Sonnenbrille aus Samara. In der Ruhmeshalle mit ewiger Flamme und Ehrenwache schlendern ihre Altersgenossen schnatternd herum, mit der Cola-Dose in der Hand. Hier sind vielleicht vor kurzem noch Lehrerinnen auf Zehenspitzen gegangen, haben der Klasse in Uniform oder den jungen Pionieren flüsternd erklärt, was sich hier zugetragen hat. Welch ein Wandel! Mag die Zeit auch viele Wunden heilen, in den Straßen dieser Stadt bleibt jeder Quadratmeter mit Blut und Eisen getränkt. Später, im großen Rund des Panorama-Museums, steht der Besucher eines optischen Tricks wegen mitten auf dem Schlachtfeld. Da sieht man die von vielen Stiefeln getretene Erde, von Granaten durchpflügt, von Feuer verwüstet. Glühendes Eisen, zerbrochene Patronenkisten, das ganze Szenario ist beängstigend realistisch dargestellt.

Eisessen im Straßencafé! Bummeln im Park. Auch das ist in dieser Stadt möglich. Wir besuchen das Hotel »Wolgograd«, laufen lange umher, schlendern durch ein Kaufhaus. In den Markthallen decken wir uns ein mit vielerlei Gemüse und Dill, dem Gewürz meiner Mutter. Kirschen und Erdbeeren schleppen wir an Bord, Speck und Käse und frisches Brot, und ein paarmal scheint's mir, als seien wir einem Kaufrausch verfallen. Das private Taxi, das wir chartern, geht fast in die Knie unter dem Gewicht von vier Gästen und dem großen Einkauf. Umgerechnet drei D-Mark bezahlen wir für eine doch beachtliche Entfernung. Übrigens waren in der Bank die Rubel alle geworden. Dollars und D-Mark, die wir eigentlich tauschen wollten, hatte man reichlich.

Nach zwei Tagen Wolgograd verholen wir stromab, packen uns vorm Eingang zum Wolga-Don-Kanal vor Anker.

Dreizehn Schleusen in dreizehn Stunden

»Big brother is watching you«, schreibt Klein in sein Tagebuch. Auf dem Ufer drüben steht ein riesiges Standbild des großen Lenin. Ich nutze die Gelegenheit, die junge Sweta mit dem alten Mann im Hintergrund ins Bild zu setzen. Warten ist angesagt! Schon bei den ersten UKW-Gesprächen mit der Schleuse hören wir heraus, daß eine strikte und herrische Frau auf Wache ist. Yachta *Clown* hat schlechte Karten, denn die Dame will uns jetzt nicht mitnehmen, weil sie dann ihre Kammer leer umstellen müßte. Immer wieder fragt Sascha nach und wird, kurz angebunden, abgewiesen.

Die Schleusen dieses Kanals sind kürzer als jene, die hinter uns liegen. Wir müssen auf ein in der Länge passendes Berufsschiff warten, und zur Zeit ist nichts dergleichen gemeldet. Eine ganze Nacht lang werden wir hingehalten, sehen Fahrzeuge ein- und auslaufen, die nach unserer Meinung geeignet wären, doch bekommen wir immer wieder Ausflüchte zu hören. Und das Spiel geht weiter so während des ganzen nächsten Tages. Ein paarmal verlegen wir »aus strategischen Gründen« den Ankerplatz, hoffen, daß wir aufdringlicher liegen, besser gesehen werden.

Zusammen mit Klein schrubbe ich vom Boot aus die Wasserlinie. Ein großes Badefest und Kopfwäsche schließt sich an. Renate wird ungeduldig, zitiert den fernen Juri, der von wochenlangem Liegen in Wolgograd geunkt hatte. Komplott oder ganz einfach Sachzwang? Abends fährt Sascha an Land, um mit einem Inspektor zu sprechen, dessen Telefonnummer wir herausbekommen haben. Der gute Mann kooperiert trotz Feierabend und Störung zu Hause und verspricht Sascha, die Sache zu regeln. Zwei Stunden später ruft die viel freundlichere Ablösung an der Schleuse von sich aus zum Ankerhieven. Weiter geht's! Jalta, wir kommen!

Hinter einem Frachter, dessen Namen wir gutgelaunt in *Dagobert Ballagur* abändern, steuern wir an vielen Anglern vorbei in die hell erleuchtete erste Kammer. Aber zwischen dem vorne überragenden Mast und dem Heck von *Dagobert* sind nur drei Meter Platz. Hinten kratze ich mit dem Topp fast am Tor, als wir schnell in die Höhe wandern. Das kann ja heiter werden! Zum Glück sind wir mittlerweile ein eingespieltes Team, wobei Sweta mit dem umgehängten Sender über der Schwimmweste richtig professionell wirkt. Ein paar tausend Kilometer auf der Wolga haben das Mädchen einen sechsten Sinn fürs Schippern entwickeln lassen. Diese kluge Frau sieht bereits mit Seemannsaugen und denkt mit bei meinen Manövern. Sascha kennt das Verhalten des Kats mittlerweile besser und bemüht sich rechtzeitig, einen Poller zu erwischen, notfalls mit einer Leine aufzustoppen.

Dreizehn Schleusen bewältigen wir in dreizehn Stunden, davon die ersten acht im Dunkeln. *Dagobert Ballagur* fährt auch nicht immer gleich gut, und besonders deutlich merken wir, wenn um Mitternacht, um vier und um acht drüben die Wache wechselt. Der Steuermann der Hundewache fährt sehr sauber und rücksichtsvoll, seine Anleger klappen, die Schrauben benutzt der Mann nur vorsichtig, nimmt Rücksicht auf den *Clown* hinterm Heck. Um vier muß ein Seglerhasser oder blutiger Anfänger abgelöst haben. Ab jetzt landet *Dagobert* auch mal schräg in der Schleuse, wird mit »voll voraus« und »voll zurück« längsseits gebracht. Beim Auslaufen legt der rücksichtslose Kerl die Hebel auf den Tisch, und ich kann das Boot kaum halten. All meiner Kunst bedarf es, um eine Kollision des Mastes mit dem Heck von *Dagobert* zu verhindern. Wir sind dennoch auf diesen »pacemaker« angewiesen und bemühen uns, auf den Strecken zwischen den einzelnen Stationen mit »voll voraus« seine Geschwindigkeit zu halten. Wenn wir den Anschluß verlieren, müßten wir vielleicht wieder lange irgendwo warten. Durchhalten also, trotz Müdigkeit und Schleusenstreß. Erst nachmittags, als urplötzlich aufkommender Nordweststurm ein Weiterkommen unmöglich macht, verabschieden wir *Dagobert Ballagur* mit vielen Dankesworten. In einer geschützten Bucht dicht unter Land packt sich der *Clown* vor Anker. Schwarzbunte Kühe grasen am Ufer.

Vierundsiebzig Meter kletterten wir hinter dem Heck des *Ballagur* in die Höhe. Die letzten drei Schleusen vor der Ankerung senkten uns bereits in Richtung Asowsches Meer. Nach all der Anstrengung haben wir Schlaf verdient, und so registriere ich das Heulen des Sturmes eher nebenbei. Dieser Anker hat schon so oft gehalten, daß man sich kaum sorgen muß.

Nach dem Durchzug der Front kommt die Abendflaute, die Crew kriecht erholt aus den Kojen. Ich verkünde, daß wir bis zum Morgen bleiben werden, weil ich zu einer weiteren anstrengenden Nachtfahrt keine Lust habe. Das Wort »Ankerfest« macht die Runde, Swetlana bietet sich an, *Blinchiki*, dünne Mehlpfannkuchen, zu backen, in die man Füllung rollt. Ein paar Drinks vorm Essen steigern den Appetit, je nach Geschmack wickeln wir Wurst oder Marmelade in die fetttriefenden Fladen. Ein Freßfest sondergleichen wird die Aktion *Blinchiki*; das Mädchen muß noch zweimal Teig anrühren, brät emsig mit rotem Gesicht. Sogar die deutsche Formulierung »ihr freßt mir ja die Haare vom Kopf« kennt dieses Wunderding von Dolmetscherin, die uns ihrer Kochkünste wegen noch ein ganzes Stück sympathischer wird.

»O Sweta, bist ein Glücksfall für den *Clown*. Nastrowje, Sascha!«

Der Gute lächelt, als sei er der stolze Vater dieser hübschen Tochter. Es schläft sich gut mit Pfannkuchen im Bauch und dem Wolga-Don-Kanal unter den Rümpfen.

Ein wolkenlos heiterer Morgen, als ich erst gegen sieben an Deck komme. Leichte Brise kräuselt das Wasser, südländisch blaßblau wirkt der Himmel über der Provinz Kalmükia. Brachland, Weiden und Buschsteppe sehen wir um uns herum. Während Klein beim Ankerhieven die Winschkurbel dreht, fragt Renate mich, ob dies wirklich Rußland ist. Es könnte auch irgendwo am Limfjord sein. Nur Sascha paßt nicht ganz ins Bild. Nach dem ausgeflippten Abend navigiert er zum Ausgleich besonders korrekt, fummelt am UKW und mißt die Distanz zur nächsten Schleuse, vor der wir ankern.

Im Dorf Iljewka wird von einem Baukran Diesel besorgt, Frischwasser schenkt uns eine alte Frau. Dann passieren wir Schleuse Nummer dreizehn mit Vorzugsbehandlung ohne passenden Frachter. Der Don ist erreicht, der hier zum Tsindyanskoje-See aufgestaut ist. Hundertneunzig Kilometer über das große Wasser liegen vor uns. Im ersten Teil führt eine gewundene Rinne an flachen Bänken und Sumpfinseln vorbei. Besonders auf diesem Abschnitt merken wir, daß unsere Karten veraltet sind. Per Augennavigation bewältigen wir das völlig veränderte Fahrwasser. Die geraden Kurse übers Tiefe spulen wir dann in den Nachtstunden unter einem sternenklaren Himmel ab. Klein zeigt mir Polaris und Antaris, als ich ihn ablöse, und einen schnell wandernden Satelliten.

Noch wissen wir nicht genau, wann, wie und wo unsere gemeinsame Fahrt enden wird. Dennoch liegt schon ein Hauch von Abschied in der Luft, passieren wir doch am Abend dieses Tages die letzte Schleuse der Reise. Fünf Kammern machten wir über den ganzen Tag verteilt zusammen mit einem passenden Frachter. Nun haben wir freie Fahrt auf dem Fluß bis zum Asowschen Meer. In Form einer kleinen Rede bedanke ich mich bei der Crew, lobe Sweta und Sascha und das deutschrussische Teamwork. Müssen wir nicht unendlich dankbar sein, daß wir all die Schwierigkeiten ohne

Unfälle und Schäden am Schiff gemeistert haben? Soviel Strömung, Berufsschiffahrt und Schraubenwasser, Seitenwind und Wellenschlag. So viele Hürden mit Glück genommen.

»Spasiba, ihr beiden. Ich danke euch. Den Rest schaffen wir auch noch!«

Auf dem Don zum Asowschen Meer

Zwei Tage auf dem Don machen es schwierig, Worte für den schönsten Abschnitt der langen Fahrt durch Rußland zu finden. Dieser letzte Abschnitt des Törns führt uns durch eine naturbelassene Flußlandschaft, wie man sie in Deutschland schon längst nicht mehr findet. Auwälder säumen die Ufer über lange Strekken, die Verfärbungen an den Stämmen der Bäume markieren den unterschiedlichen Wasserstand des Stromes, Seitenarme verlieren sich im Grün und wirken so einsam, als sei noch nie ein Boot in sie eingedrungen. Helle Sandbänke gliedern den Fluß, und auf Schilfflächen zaubert leichter Wind ein Wellenmuster. In den Außenkurven spülte das Wasser steile Wände aus dem Lehm, in dem Aberhunderte von Vögeln nisten. Große Fische springen auf der Jagd nach Insekten aus dem Wasser und klatschen in die stille Flut zurück. Eine Gruppe von Paddlern treffen wir und Jungen, die Pferde zur Tränke reiten. Man winkt hier freundlich beim Anblick des *Clown*, denn südländisch heiter und von der Landschaft geprägt sind die Leute am Don. Eine Vorzeigegegend zum Abschied bleibt achteraus, als wir das Häusermeer der Großstadt Rostow über den Steven sichten.

»In Rostow wohnen schreckliche Menschen!

Schleicht euch nachts ohne Lichter vorbei! Banditen und Piraten hausen da!«

Tatjana hatte uns halb im Scherz vor dieser schlimmen Stadt gewarnt, die einmal das Chicago Rußlands hieß. Irgendwie muß meine Freundin mit den Leuten hier schlechte Erfahrungen gemacht haben. Uns begegnen jedenfalls nur freundliche Gesichter und manch nettes Lächeln. Die übliche Horde neugieriger Kinder findet sich auch sogleich ein, als der *Clown* an der langen Promenade festgemacht hat. Es ist warm in Rostow, drüben unter den schattigen Bäumen des Parks wird an einem Kiosk Eis verkauft. Wir vertreiben uns die Wartezeit auf die angenehme Art, während Sascha schwitzend lostrabt, um Möglichkeiten zum Ausklarieren zu erkunden. Die letzte Brücke dieser Reise können wir vom Liegeplatz aus sehen, danach wäre Mastsetzen angesagt und endlich wieder Segeln. Jalta auf der Krim heißt unser Ziel, und weil die Ukraine selbstständig ist, brauchen wir Zoll und Emigration. Eigentlich kein Problem, so denke ich, schließlich wird Rostow von Seeschiffen angelaufen. Große Verwunderung ist deshalb angesagt, als mein Begleiter mit der Botschaft zurückkommt, daß wir in dieser Stadt nicht ausklarieren können. Gemeinsam studieren wir die Karte, wandern in Gedanken die letzten Kilometer des Flusses bis zur Mündung und finden von dort ein Stück nach Nordwesten nur den Hafen Taganrog. Dann los! Rostow können wir besichtigen, wenn wir mit einem ganzen Sommer Zeit wiederkommen.

Das Mündungsgebiet des Don ist flach und sumpfig. In vielen Windungen schlängelt sich die Fahrrinne durchs Delta. Wir entdecken manchen Seitenarm mit kleinen Piers oder einem einzelnen Haus, wo wir mit dem bordeigenen Kran den Mast stellen können. Weil die Operation lange dauert und mühsam ist, träume ich von den zeitsparenden Anlagen Taganrogs. Mit Swetlana und Sascha bespreche ich die Möglichkeiten, solch ein mobiles Gerät für ein paar Rubel chartern zu können, einen Hafenkran stundenweise zu mieten. Skepsis meiner Begleiter! Und Sweta scheint sich zu mokieren über kapitalistisches Anspruchsdenken und die westliche Art, die davon ausgeht, alles und jedes für Geld heuern zu wollen.

Ein Blick auf die Karte, noch einmal checke ich die Restdistanz, gebe dann allen drei Motoren ein paar Umdrehungen mehr. Leider bringt uns ein Nachmittagsgewitter Regenböen, Blitz und Donner, dennoch ist auch Klein der Meinung, daß wir die Reise über das Stück offenes Wasser von der Mündung des Don schräg über den Golf zur Ansteuerungstonne von Taganrog mit dem Mast an Deck wagen dürfen. Mit dem Wort Abendflaute machen wir uns Mut. Hoffnungsvoll klopfen wir aufs Barometer und beschwören die ruhigen Bewegungen von Katamaranen im allgemeinen und die des *Sposmoker/Clown* im besonderen. Fürchten wir das Asowsche Meer jetzt, weil wir so lange auf Flüssen und Kanälen unterwegs waren?

Wie undramatisch verlaufen diese letzten Meter auf dem Don. An einer niedrigen Steinpackung entlang steuert der Kat auf das nach Westen hin weite offene Meer. Ein Baltiski und ein Sormovski kommen dicht aufgeschlossen gegenan und wollen nach Samara vielleicht, Tscherepowez oder St. Petersburg.

»Wißt ihr noch, Renate und Herr Klein? Ein Krieger im finnischen Meerbusen, ein junger Leutnant an Deck, die Marschrout über Telefon? Ein Monat und über viertausend Kilometer! Denkt ihr an Kronstadt noch, den Seekanal und das Einklarieren, als ich Tatjana und

Alexander umarmte, die Kinder durch den Hafen von St. Petersburg steuern durften?«

Die Gefährten sehen mich an, als wollten sie mir verklickern, daß ich noch nicht wieder draußen bin, so einfach es auch war, ins Riesenreich hineinzukommen. Hier fahren gleich drei Patrouillenboote westlich von uns auf und ab und wirken, als warteten sie schon nervös auf den *Clown*. Ein kurzes Stück noch halte ich mich in der Fahrrinne, dann nehme ich die Schwerter höher und steuere mit Hilfe der Lote übers extrem flache Gebiet nach Taganrog. Einer der Krieger ankert, die anderen beiden trollen sich irgendwo in Richtung Küste.

Sascha habe ich schlafen geschickt. Als mein Navigator wieder an Deck kommt und unsere Abweichung vom offiziellen Weg bemerkt, scheint den Mann die gewohnte Angst vor Behördenärger zu packen. Ob ältere russische Yachties wohl jemals unbeschwert einfach nur schippern können? Einen langen Vortrag halte ich ihm. Und Sweta übersetzt vom Urlaub in Dänemark und Schweden und freier Kurswahl. Dort zwingt mich auch nichts auf die betonnten Straßen, und wenn der Tiefgang es erlaubt, kann ich herumkreuzen nach Lust und Laune. Natürlich ist unser unbekümmertes Laisser-faire nur schwer zu vermitteln, darüber bin ich mir schon im klaren.

Bevor das Gespräch in einer unersprießlichen Diskussion über die Vor- und Nachteile der absoluten Freiheit endet, werden wir durch viele Gruppen von Netzpfählen abgelenkt. Höllisch aufpassen muß ich nun während der letzten Meilen vor Taganrog, damit ich nicht abgebrochene Stämme ramme. In der beginnenden Dämmerung kurven wir zwischen den Hindernissen der Fischer umher und sind allesamt gleichermaßen erleichtert, als die Ansteuerungstonne zweifelsfrei auszumachen ist. Dann sehen wir die roten und grünen Lichter der Einfahrten voraus, laufen an der Passagierpier vorbei. Auf der Reede des Yachtclubs kurve ich vorsichtig zwischen unbeleuchteten ankernden Booten umher. Klein steht auf dem vorderen Beam als Ausguck, warnt vor Festmachertonnen und entdeckt eine Lücke im Bojenfeld. Mitternacht, Windstille und Nachtruhe. Morgen ist ein Schicksalstag. Ich schlafe dennoch, bis Klein zum Frühstück weckt.

Geduldiges Warten ist angesagt. Ein strapazierfähiges Nervenkostüm ist von Vorteil an diesem hoffentlich letzten Tag in Rußland. Aber zunächst fahren mein Macker und Sweta erst einmal zum Einkaufen und kommen wie üblich schwerbeladen zurück. Wollen wir bloß nach Jalta oder um die halbe Welt? Auch hier gibt es frisches Gemüse, allerlei Obst und köstliche Weintrauben. Zum Markt sind es etliche Kilometer, weshalb die beiden mit dem Taxi fuhren. Und so eine Art Wassertaxi bräuchten wir eigentlich auch für Alexander. Der Gute rudert dauernd hin und her und nimmt zwischendurch auch mal ein Boot des Vereins. Unsere Pässe werden gebraucht, dann wieder die Crew-Liste. Eine Liste der Devisen sollen wir anfertigen. Die Schiffspapiere hat er eh schon mit; das Zertifikat für die Sprechfunkgeräte will man auch noch haben. Während einer bestimmten Phase dieser Ausklarierungsverhandlungen kommt irgendein verrückter Bürokrat auf die Idee, wir Deutschen müßten über Land reisen, während Sweta und Sascha das Schiff nach Jalta bringen.

»Mit mir nicht! Ihr seid ja wohl nicht richtig im Kopf. So ein Quatsch kommt überhaupt nicht in Frage!«

Unmißverständlich mache ich sofort klar, daß ich

das Boot freiwillig niemals verlassen werde. Aber wie so vieles seither, erledigt sich auch dieser Unsinn von ganz allein.

Beim Mittagessen erzähle ich provozierend, wie jemand in der EG unkontrolliert von Dänemark nach Portugal oder Italien reist, wie ein Seemann, der sein Schiff verpaßte, ohne Geld und Ausweis von Barcelona nach Bremerhaven kam. Aber solche Storys sind hier wenig nützlich und halten nur auf.

Alexander muß gleich wieder los. Was fehlt denn jetzt noch? Keine zehn Minuten später ist der Mann schon zurück und will diesmal Rubel haben, als Vorschuß für die Kranmiete. Das dieselgetriebene Gerät habe ich mittlerweile ein paarmal inspiziert. Weil der *Clown* acht Meter breit ist, kann es Probleme mit der Ausladung geben. So sehr weit übers Wasser reicht die für kleinere Schiffe und Masten installierte Maschine nicht. Ein Versuch sei dennoch gemacht.

Der Kranführer des Clubs ist zugleich der Wettfahrtleiter bei Regatten. Schon während des ganzen Vormittags sehen wir die Jugendgruppen in Optis, Lasern und lokalen Klassen unterwegs. Wendemarken werden ausgelegt und wieder eingesammelt, Start- und Zielschiffe passieren uns ganz nah. Dieser Verein gilt als ein angesehener Veranstalter von Wettfahrten und pflegt offensichtlich auch internationale Kontakte im Segelsport. Auf dem Gelände vorm Clubhaus herrscht regattaüblicher Trubel, Muttis haben bergeweise Verpflegung dabei, die Männer bevorzugen flüssiges Brot. Ende des letzten Rennens ist dann um fünfzehn Uhr. Nachdem das letzte Boot über die Ziellinie ist, muß alles furchtbar schnell gehen. Nach Erledigung aller Pflichten will unser Kranführer endlich mitfeiern.

Selbstverständlich haben Klein und ich längst schon

entlascht und zum Anschlagen vorbereitet. Alle Rekorde im Ankerhieven brechen wir nun mit der zu höchster Eile antreibenden Sweta im Nacken. Sascha ist schon an Land gerudert und hält den Kranführer fest. Es hat aufgebrist, wie es hier nachmittags üblich ist, und *Clown* schießt leicht rollend zwischen den ankernden Yachten kurvend auf die Pier zu. »Voll voraus« und »voll zurück«! Bei Wind und Schwell von der Seite fahren Engel wie die Teufel. Vom Deck des großen Kats aus wirkt die Gasse noch viel enger als sie ist. Aber irgendwie schaffe ich die Lücke zwischen einer großen russischen Yacht und dem Beton an Backbord. Dann greifen am Quersteg voraus schon mindestens ein Dutzend animierter Männer jeweils einen Steven, zerren und schieben ohne Sinn und Verstand. Mit dem Backbordruder stoße ich ständig auf den harten Grund, weil's an der Pier zu flach ist. Mehr als hundert angetrunkene Russen wimmeln im Schwenkbereich des Krans umher und grölen, was das Zeug hält, beim Anblick von Swetas knappem Bikini. Der laute Diesel des Krans übertönt meine englischen, deutschen und russischen Kommandos. »Nur hinstellen! Nur eben andrehen! Alles festmachen können wir draußen!«

Ich bitte meine Dolmetscherin, diese Order irgendwie rüberzubringen. Sascha und Klein arbeiten unbeeindruckt von der Kulisse, Renate steht am Niedergang und ruft Befehle, um die sich keiner kümmert. Als das Rigg steht und die Spannschrauben der Wanten und Stagen nur notdürftig ein paar Windungen gefaßt haben, der Kranhaken freischwingt, ziehe ich rücksichtslos rückwärts aus der Lücke. Bloß weg! Die ersten Trunkenbolde wollen uns schon entern. Wie ein Jongleur eine lange Stange auf der Stirn balanciert, so ähnlich dampft *Clown* jetzt über die Wellen der offenen Reede mit schaukelndem und peitschendem Rigg zurück auf den Ankerplatz. Bevor wir Großbaum, Fallen und Schoten in Ruhe klarieren, setze ich mich einen Moment hin, um die Szene noch einmal auf mich wirken zu lassen, die ich trotz der Hektik am rechten Rand des Freigeländes bemerkt hatte. Dort versuchten am Rande des Gewühls zwei total betrunkene Männer, jeder von einer anderen Seite, ein und dasselbe Fahrrad zu besteigen. Man sollte eigentlich doch mal an Video denken!

Am Ende der Ausklarierungsfeierlichkeiten, was den Verwaltungsakt wahrscheinlich am besten beschreibt, spricht der Hauptmatador der Bürokraten aus Taganrog zwei deutsche Worte: »Auf Wiedersehen.«

Und nach so vielen Meilen durch Rußland und weil man's als gebildeter Mensch eh schon wissen müßte, kann ich ihm in seiner Sprache ebenso kurz antworten:

»Doswidanje.«

Auch hier gibt es einen uniformierten Aufpasser, der peinlich genau darauf achtet, daß nach Abschluß der Formalitäten kein Verkehr mit dem Lande mehr stattfindet. Die Heckleine zum Poller des Schwimmstegs schleudern wir deshalb von Bord aus lose, dann klakkern auch schon die Glieder der Ankerkette über die Bugrolle. So schnell wie diesmal hat Klein die Winsch noch nie gedreht. Fort! Bloß weg! Ehe sich's irgend jemand anders überlegt und ehe es im langen Ansteuerungskanal dunkel wird, wollen wir Richtung See. Der Anker ist kaum auf und nieder, da schieben die Maschinen den Kat schon in Zickzack-Fahrt durch das große Feld der Clubyachten an ihren Bojen. Vereinzelt winkt man uns sogar freundlich hinterher, und auf einem Schiff, das mehrmals am Tag unter Segeln ganz besonders nah am *Clown* vorbeikam, steht der uns schon vertraut gewordene Schipper auf der Back. Immer wieder hebt der Mann beide Hände mit dem Zeichen für Sieg, sieht mich direkt an und freut sich sichtlich. Wir sprechen über den Kameraden und sind uns alle einig, daß zumindest dieser unbekannte Russe die ganze windige Geschichte durchschaute und uns von Herzen zugetan ist.

Direkt vor der Einfahrt setzen wir Groß und Fock und geraten bei dem Aufschießer auf die verkehrte Seite des Fahrwassers. Ein einlaufendes Patrouillenboot ändert geringfügig Kurs und wirkt für ein paar Minuten, als steuere es uns an, um sofort für den Regelverstoß zu kassieren. Sascha hat, auf deutsch gesagt, die Hosen mal wieder gestrichen voll. Staatsmacht, Autorität und amtliche Funktion versetzen meinen Begleiter, wie gehabt, in Angst. Doch nun haben wir tatsächlich Rußland durchquert und steuern hinaus ins Asowsche Meer. Was immer noch passieren mag, zurückschicken werden die Behörden uns sicher nicht. Und sollten wir auf den letzten Meilen an der Küste das Schiff verlieren, die Reise über die Kanäle, über die Wolga und den Don ist gelungen. Dankbarkeit empfinde ich einem gütigen Schicksal gegenüber, das mich für fünfzehn Jahre Arbeit belohnte. Und Freude empfinde ich, weil wir ohne Schaden an Mensch und Material so viele haarige Situationen bewältigten.

»Dank euch, Gefährten! Prost, ihr beiden! Nastrowje, Sweta und Sascha!«

Das schönste Erlebnis wird mir beschert, als ich endlich an Deck allein bin. Wir können wieder segeln! Auf den ersten Meilen im Seekanal von Taganrog kommt der Wind genau von hinten. Der Kat bummelt gemächlich vor sich hin. Dann kann ich bald westlicher halten. Mit halbem Wind steuere ich mit Hilfe des GPS im tiefsten Wasser des äußerst flachen Golfs entlang. Ein paar

Pfahlgruppen der Fischer machen noch Ärger, dann bin ich allein unter funkelnden Sternen. Die Crew schläft nach dem anstrengenden Tag, und der *Clown* ist das einzige Schiff auf dem Meer. Ganz in der Ferne sind ein paar Lichter von Land zu sehen. Nur das Rauschen der Bugwelle ist zu hören, das Knetern unter Last stehenden Tauwerks.

»Ganz tief durchatmen! Riechst du es, Gerd? Es duftet nach Salz und Tang. Was dich ganz sanft wiegt, ist der Atem der See.«

Luft und Wasser messen um die fünfundzwanzig Grad. Der Wind pendelt zwischen ein und drei Beaufort während des ganzen nächsten Tages. Ruhig und gleichmäßig ziehen Groß und Fock den Kat übers Meer, und es ist Ausruhen angesagt, langes Schlafen und gutes Essen. Sweta und Sascha genießen den Urlaub im vorderen Netz, steuern zur Abwechslung auch hin und wieder und irgendwie liegt schon so etwas wie Abschied in der Luft. Zwei Hürden müssen wir noch nehmen, die Enge von Kertsch und die für Jalta vorgesehene Umflaggung. Bloß nicht dran denken! Segeln macht Spaß! Gern hätte ich übrigens Sascha mal so richtig fetziges Dahinpreschen gegönnt. Einen modernen großen Kat hat der Mann schließlich noch nicht in Hochform erlebt. Belohnung für all seine Mühen und Sondereinsätze wär's gewesen, aber der Wind bleibt schwach, und die Logge geht selten mal über die Zehnknotenmarke hinaus. Einen Blick auf die Karte kann ich nicht tun, ohne Zorn zu empfinden beim Anblick so vieler Häfen, die Jahrzehnte gesperrt waren. Wie selten durften Schiffe aus dem »imperialistischen« Ausland diese Plätze anlaufen. »Freiheit der Meere!« Welch leere Floskel!

In der Nacht haben wir vor der Enge von Kertsch über Stunden ein Fahrzeug mit ganz seltsamer Lichterführung in Sicht. Schon um Mitternacht, als ich die Wache an Klein übergebe, mache ich auf den Kameraden aufmerksam und tippe auf Schleppzug mit irgendeinem großen Anhang. Um zwei ist der unbekannte Macker immer noch da, etwas näher jetzt, aber einfach nicht zu identifizieren. Für alle Fälle und weil die Peilung zu stehen scheint, schalte ich das UKW ein. Mit den farbigen Lichtern dort in der Finsternis kann ich einfach nichts anfangen. Der Wind erlaubt eine Kursänderung, die auch nichts bringt. Irgendwie kommen wir dem Gefährt immer näher. Dann plötzlich beginnt man dort drüben mit gleißend hellen Scheinwerfern herumzufuchteln, blendet mich und leuchtet dann Richtung Westen. Nun wird auch das UKW lebendig. Auf russisch wird da in barschem Ton allerlei in die Nacht posaunt, wütend klingt der Mann am Hörer. Höchste Zeit, Sascha zu wecken, Sweta auch, auf daß man mir das Geschimpfe übersetzen möge. Doch den Sinn kann ich mir nun schon fast alleine zusammenreimen. Wer so lange zur See fuhr und als Lotse fast täglich Unterhaltungen in allen Sprachen der Welt zuhört, der entwickelt, so behaupte ich, ein Gespür für den Sinn des Gesagten. Die Lichterführung dort drüben ist nicht zuletzt der Arbeitslampen wegen immer noch nicht genau zu erkennen. Aber was da so über den Sender kommt, läßt eindeutig auf seismographische Messungen ölsuchender Geologen schließen. Die Forscher schleppen dann für gewöhnlich lange Kabel, der ganze Kram ist Millionen wert, und ein großer Sicherheitsabstand ist erforderlich. Nur Bestätigung also noch, als Sascha mit dem Wachoffizier drüben redet und die aus dem Tiefschlaf geholte Sweta halb benommen übersetzt. Wir steuern den vom Offizier empfohlenen Kurs nach Westen und entfernen uns aus dem Gefahrenbereich.

Bei Sonnenaufgang ist Land in Sicht, und um acht Uhr wird die Ansteuerungstonne der Straße von Kertsch passiert. Wolkenlos blauen Himmel bescheren die Götter uns jetzt und leicht gekräuselte See. Die Sicht ist phantastisch, und weit voraus sind die Tonnen des Fahrwassers schon auszumachen. Allerlei Frachter als Mitläufer und Gegenkommer sind bei der Navigation hilfreich, denn aus mehreren Gründen habe ich keine Spezialkarte an Bord. Bei Nacht und Nebel hätten wir hier vielleicht alt ausgesehen, aber bei solch idealen Bedingungen bleibt die heitere und gelöste Stimmung an Bord erhalten. Wir steuern abwechselnd nach Lust und Laune und ohne festen Wachplan. Fähren kreuzen emsig von der Ukraine nach Rußland und umgekehrt. Einmal kommt das Patrouillenboot der Grenzkontrolle auf Rufweite heran. Erinnerungen an einen Tag vor Kronstadt bei Regenschauern und Wind werden wach, an die Befürchtungen meiner Freunde Boris und Juri muß ich denken und an das bedrohliche Wort Grenzkontrolle. Man ruft Yachta *Clown* auf UKW, hält noch ein wenig näher an den Steuerbordrumpf. Fast könnten wir uns von Bord zu Bord unterhalten. Sascha spricht Russisch. Ich höre St. Petersburg und Jalta heraus und mehrfach »Da, da, da«, und »Spasiba, spasiba«. Weil ich vom Mienenspiel meines Begleiters mittlerweile ablesen kann, erkenne ich auch ohne Swetas Hilfe, daß alles in Ordnung sein muß. Am Ende auch hier ein freundliches »Doswidanje«. Ein Stein fällt mir vom Herzen. Einschleppen und Verhör wäre ebensogut möglich gewesen.

Die nächste Grenzkontrolle wird dann gleich per UKW zur Küste abgewickelt. Oder geht es vielleicht den Ukrainern so dreckig, daß sie für ihre Patrouillenboote keinen Diesel haben? Als wir die südliche Ansteuerungstonne der Straße von Kertsch hinter uns lassen, ruft man uns von Land. Sascha sagt seinen Vers auf und ein paarmal »Ponjo« und »Karascho«. Dann kommt ganz verhaltene Freude auf an Bord, als ich ein Willkommen im Schwarzen Meer ausspreche und vor dem Essen einen Drink spendiere. So viele Gedankenspiele um diese Durchfahrt in unserem Kielwasser. So viele Pläne um Ausflaggen hier oder dort und das Ausschiffen der Russen! Haben wir uns vergebens den Kopf zerbrochen? Man soll den Tag nicht vor dem Abend loben!

Am Ziel: Jalta

Nach einer flott durchsegelten Nacht an der Küste der Krim entlang, erreichen wir die Reede von Jalta zur Frühstückszeit. Ich habe mir diesen Hafen ausgesucht, weil ich der Meinung bin, daß man in dieser Stadt westliche Touristen schon seit Jahren gewöhnt ist. Die Stätten der Konferenz von Jalta locken interessierte Menschen aller Nationen hierher. In Jalta müßten deshalb Toleranz und Weltläufigkeit herrschen, günstige Voraussetzungen für uns. Von südländischer Heiterkeit geprägte Temperamente mit dem nötigen »Laisser-faire« erwarte ich und fühle mich schon während der Annäherung bestätigt. Diese Küste mit ihren vielen modernen und hellen Gebäuden, den großen Hotels, wirkt wie die Französische Riviera. Über dem bergigen Land liegt dazu mediterranes Licht. Jalta, wir kommen!

Der Dispatcher von Jalta-Control klingt dann aber recht unfreundlich. Ein kurzes Gespräch nur zwischen Sascha und dem mürrischen Funker. Wir sollen vor der Mole warten. Eine Begründung für die Anweisung gibt es nicht. Was ist das für eine Art, einfach »draußen warten« zu befehlen und sonst keine Information zu geben. Nach langem Drängeln kriege ich Sascha dazu, wieder anzurufen. Die gleiche ungnädige Order wird uns zuteil. Wir sollen warten. Zu Anfang ist's noch schön, allerlei Segelmanöver zu fahren, mal auf diesem, mal auf jenem Bug beigedreht zu treiben, mit einem langen Schlag wieder Höhe zu holen. Aber der auflandige Wind legt stetig zu, die Seen klatschen gegen die Mole und ans Ufer, der *Clown* fängt an zu tanzen. Reffen ist angesagt. Schiffe fahren ein und aus. Surfer wagen sich bis zu uns aufs Meer, und mehrere offene Jollen benutzen den Kat als Wendemarke. Ein großer russischer Katamaran mit drehbarem Flügelmast kommt in unsere Nähe, ist aus St. Petersburg und hat gute Freunde von Sascha an Bord. Lebhafte Unterhaltung von Schiff zu Schiff und der Vorschlag, an der Küste entlang nach Artek zu laufen, wo man angeblich ruhiger liegt als in Jalta und wo Ein- und Ausklarieren ebenfalls möglich sein sollen. Ich mag die Kursänderung nicht unserer Visa wegen und weil ich hier am Ort meinen Freund P. weiß, mit dem ich vor der Reise faxte und telefonierte. Wer weiß, ob wir über Land von Artek nach Jalta dürfen.

Bei aufbrisendem Wind halten wir am Ende mit drei Reffs im Groß, unablässig über die anrollenden Wellenberge kletternd, unsere Position und warten ab. Ob man uns jemals einlaufen läßt? Ich dränge Sascha zu einem erneuten Gespräch, in dem er den Namen meines einflußreichen Freundes einfließen lassen soll. Der Funker antwortet, Herr P. sei ein bekannter Mann, aber im Moment nicht zu erreichen. Wir sollen weiter warten.

»Die mögen unsere Flagge nicht.« Sweta übersetzt auch die Flüche, die ihr Landsmann an diese Feststellung anknüpft. Dann kommt nach einigem Getuschel meiner Crew der irre Vorschlag, nach Artek zu segeln, wo die beiden ohne Abfertigung aussteigen wollen. Versteh einer diese Russen! Vier Wochen lang hatten wir das Recht auf unserer Seite, und die Papiere waren in Ordnung. Jetzt wollen sie den größten denkbaren Verstoß, illegale Landung nämlich, ganz offen über die Bühne gehen lassen. Der Dispatcher von Jalta wäre dann der erste, der uns einen schnellen Krieger auf die Fersen hetzt. Es wird weiter gewartet, und wenn es drei Tage sind. Meine Entscheidung steht.

Nachmittags sollen wir dann plötzlich ganz schnell kommen. »Yachta *Clown*! Yachta *Clown*!«

Die Stimme des Funkers klingt dringend. Der noch halb dösende Sascha, den ich aus dem Mittagsschlaf hochjagte, gibt, noch während er spricht, eindeutige Handzeichen.

»Dawai! Dawai!«

Vor dem Gebäude des Hafencaptains, vor dem Steven eines Forschungsschiffes und hinter dem Heck einer Fähre sollen wir ran.

»Voll voraus! Fender raus! Leinen klar! Das Groß bergen wir hinter der Mole, wenn es ruhig ist.«

Kurz und knapp habe ich die Crew in Bewegung gebracht. Mit hoher Fahrt laufe ich auf den Wellenbrecher zu und bin froh, daß der Tanz dort draußen endlich vorbei ist. Aber auch im Hafen steht Schwell, und enger als erwartet ist dieser Platz. Nach Jalta gehen doch große Passagierdampfer! Ob die wirklich an der Mole anlegen oder mit Tendern ausbooten? Da sind wir schon beim Forschungsschiff und der Fähre. Die Fahrzeuge liegen über Eck und viel zu dicht beieinander.

»Anker klar! Wir nehmen den Buganker und gehen mit den Hecks zur Mauer. Anker klar!«

Mit den beiden Maschinen drehe ich auf der Stelle, ziehe rückwärts in die schmale Lücke und sehe mit

Sorge, daß wegen des Schwell sogar die großen Schiffe an der Pier noch schaukeln. Ade, du schönes touristisches Programm und Besuch der historischen Stätten. In diesem rolligen Port bleibe ich nicht länger als unbedingt nötig.

»Sag gleich, daß wir heute noch wegwollen! Wir wollen umflaggen, euch landen und auslaufen!«

Sweta nickt und hat verstanden, aber sagte Sascha nicht, daß die unsere russische Flagge nicht mögen? Die Kommission macht Schwierigkeiten.

Als die Achterleinen belegt sind, die Ankerkette einigermaßen durchgesetzt ist, marschiert eine Gruppe uniformierter Herren, sehr offiziell und streng aussehend, in unsere Richtung. Abzeichen und Orden auf der Brust, Aktenkoffer in der Hand. Dies muß Zoll und Emigration sein. Ich gehe auf das Backbordheck, um beim Übersteigen helfen zu können. Man spricht Russisch mit mir, und ich antworte in Englisch.

»Good afternoon. I give you a hand. May I help you?«

Aber mein Lächeln wird nicht erwidert. Die Herren Beamten drehen auf dem Absatz um und steuern eine Bank vor dem Verwaltungsgebäude an. Sweta erklärt mir, die Kommission könne nicht arbeiten, eine Gangway müsse her. Und auf diesen Hafen haben wir uns vier Wochen lang gefreut! Auch hier kennt man den uniformierten Aufpasser, der jeden Verkehr zwischen Schiff und Land zu unterbinden hat, weil wir noch nicht einklariert sind. Unter Schwierigkeiten erreiche ich den Hafenkapitän. Dann kann ich von einer entfernt liegenden russischen Yacht eine Gangway leihen, bei deren Anblick deutsche Hühner nach der UVV gackern würden. Immerhin, die Forderung ist erfüllt, die Kommission nähert sich.

Der Kat schießt in die Leinen zum Gotterbarmen.

Der geliehene Steg ist ein Witz und nicht zu gebrauchen. Also wird ein Teil des Verwaltungsvorgangs an der Pier erledigt. Die Pässe kann man schließlich auch an Land zeigen. Zoll, Gesundheitsdienst und Sicherheitsinspektion, weiß der Teufel, welche Funktion die einzelnen Herren so wichtig macht, können nur an Bord tätig werden. An der Gangway vorbei wird der *Clown* geentert, doch die Schwierigkeiten beginnen jetzt erst richtig. Die »Crew-List« ist nicht in Ordnung. Die peinlich genaue Deklarierung sämtlicher Devisen erfordert Zeit und macht mir angst. Wenn das Schiff wirklich gefilzt wird, sind unsere versteckten Bestände an Dollars und D-Mark nicht hundertprozentig sicher. Die Ukrainer mögen unsere Flagge nicht oder die heftigen Bewegungen des Bootes an der Pier. Ich habe den Verdacht, daß einige Bürokraten Anflüge von Seekrankheit verspüren. Heiß ist es unter Deck, und das Ausfüllen vieler nur in Russisch abgefaßter Fragebögen wird zur Nervenprobe. Irgendwie wird nach einer mir unendlich lang erscheinenden Zeit der erste Ansturm bewältigt. Mein eigentliches Anliegen, das Umflaggen, Ausschiffen meiner Gäste und alsbaldiges Auslaufen, kommt zur Sprache.

»Das geht nicht!«

Auch ohne Russisch zu können, verstehe ich auf Anhieb, was diese Abordnung da gesagt hat. Diverse Aktenkoffer werden laut zugeknallt. Man verläßt uns grußlos, *Clown* ist ratlos.

Ach, was wollten wir nicht alles genießen in Jalta! Ein Drink an der Bar des besten Hotels sollte der Auftakt sein. Mit einem Festmahl im ersten Haus am Platze wollte ich mich bei meinen Begleitern bedanken. Ein Bummel über die Promenade zwischen urlaubenden Gästen aus aller Welt an einem warmen Abend. Ach,

Jalta, du Traum, der zum Alptraum wurde. Lassen wir die Einzelheiten des zähen Kampfes. Es wurde richtig ernst, und im Verlauf des Gefechtes mußte ich zum Boß der Bosse. Man verlangte Erklärungen, die ich nicht beibringen konnte. Man wollte Papiere haben, die sich nicht beschaffen ließen. Die Rückflaggung unter Schwarz-Rot-Gold schien ganz und gar unmöglich. Da konnte ich noch so sehr versuchen, den Akt als international übliche Praxis hinzustellen.

»Ich bin Pilot auf dem Fluß Elbe. Ich lotse heute die *Muttererde* unter der Flagge von Honduras mit Heimathafen Hamburg aufwärts, und morgen kommt dasselbe Schiff als *Vaterglück* mit Heimathafen Hamburg unter der Flagge der Bahamas wieder abwärts . . .«

Solch seltsame Gepflogenheiten mochten in Deutschland und dem Rest der Welt üblich sein, doch: »Nicht mit uns! Wir werden prüfen. Wir werden klären. Sie können nicht fahren.«

Durch Zufall begegne ich einem Zöllner, der Deutsch spricht. Der Mann hat in der DDR studiert und später in Bochum. Über die schlechte Wirtschaftslage in der Ukraine klagt er mir sein Leid und reibt mir unter die Nase, daß er sich so eine große Yacht niemals würde leisten können. Komplimente über sein gutes Deutsch stimmen ihn wenigstens so weit für mich ein, daß er mir ein Gespräch auf dem Diensttelefon erlaubt. Mein Freund P. ist nicht zu Hause, doch seine Frau wird ihm meine Grüße ausrichten und ihn über unsere Ankunft informieren. Der Zöllner hat auch die englische Unterhaltung verstanden, lächelt mit einem Hauch von Triumph. So etwas wie Schadenfreude sehe ich auf dem Gesicht des Mannes. Wenn Kapitalisten Dämpfer kriegen, kommt Freude auf.

Sascha hat mit seiner bekannten Chuzpe auf einem

Nebengleis Verbindung geknüpft, um uns die verhärteten Herzen der Bürokraten ein wenig gewogen zu machen. Die hübsche Sweta ist auch ein nicht zu unterschätzender Trumpf im Spiel. Ein junger Zöllner kann sich an den langen braunen Beinen und knappen Shorts meiner Dolmetscherin buchstäblich nicht sattsehen. Fraternisieren wir ein wenig. Die Front bröckelt. Meine Linie heißt, vollendete Tatsachen zu schaffen. Der Chartervertrag endet schließlich in Jalta, und Istanbul ist der nächste Hafen. Sollte ich den Offizier nicht richtig verstanden haben?

Am späten Abend gehe ich ins Boot, reiße die Klebefolien vom Schiff und setze die deutsche Flagge am Heck. Jetzt liegt das Seeschiff *Sposmoker* mit Heimathafen Cuxhaven in Jalta, ist im Register des deutschen Amtsgerichts eingetragen, genießt diplomatischen Schutz und unterliegt internationaler Gerichtsbarkeit. Soll die Kommission doch sehen, wie sie mit diesem Brocken klarkommt. Und eigentlich müssen doch alle Beteiligten nur froh sein, wenn der Kat möglichst bald wieder ausläuft. Wir sind ein Hindernis im engen Bekken. Haben wir jemandem etwas getan? Wir kamen in guter Absicht als Freunde dieses großen Landes; nichts Unrechtes führten wir im Schilde. Ein Blick zum Heck. Schwarz-Rot-Gold, ich liebe dich! Dann zelebrieren wir die Superabschiedsgala an Bord, in der guten Hoffnung, am nächsten Morgen sehr früh fahren zu können.

Die Kommission hat keine Zeit! Als ich nach dem Frühstück mit Sweta unterwegs bin, um das Auslaufen zu organisieren, behandelt uns eine mittlerweile neue Wache sehr kühl und fast feindselig. Sascha versucht auf einem Nebengleis irgend etwas Konkretes zu erfahren. Der Hafenkapitän macht einen großen Bogen, als er mich sieht. Ein Hauch von Gefahr liegt in der Luft. Dabei passen die eisigen Mienen überhaupt nicht zum herrlichen Sommerwetter, der Urlaubsatmosphäre drüben auf der Promenade, dem heiter südländischen Flair im mittlerweile etwas ruhigeren Hafen, nachdem der vom Starkwind verursachte Schwell sich verlaufen hat. Die Kommission ist anderweitig beschäftigt. Renate macht mir Vorwürfe in ihrer Angst, wochenlang hier liegen zu müssen. Klein sieht ernst aus, und Sascha hätte längst schon wieder zu Hause sein müssen. Uns allen, mir besonders, läuft die Zeit weg. Wenig ermunternd ist es da, daß diese und jene Herren, die am späten Abend etwas auftauten, uns jetzt deutlich schneiden. Kein Lächeln wird uns zuteil, die Leute erwidern keinen Gruß. Wir sind doch keine Kriminellen! Ich mache mich auf den Weg zu meinem guten Herrn P., der noch nicht im Büro ist. Aber seine Sekretärin scheint schon von mir gehört zu haben. Ein Hoffnungsschimmer! An Bord ißt man Honigmelonen, die Sascha organisiert hat. Die Kommission wandert am Kai entlang zu einem anderen Schiff und beschreibt dabei einen großen Bogen, so als habe *Sposmoker* die Pest an Bord.

Später gehe ich wieder ins Büro meines Freundes. Der Gute hat mich erwartet und begrüßt mich sichtlich erfreut. Ich erzähle von der unvergeßlichen Reise durch das wunderschöne Land und wieviel gastfreundliche Menschen wir kennenlernten. Ausgerechnet in Jalta, wo wir uns einen gelungenen Abschluß der Fahrt erhofften, mußte es Schwierigkeiten geben. Die Kommission und so weiter . . .

»No problem.«

Ich mochte Leute schon immer gern, ob in Shanghai, in Sidney oder in Hongkong, die schwierigen Situationen mit der Einstellung »no problem« begegnen.

»No problem! Das haben wir bald! In zwanzig Minuten könnt ihr fahren! Und vergiß nicht zu schreiben!«

P. greift zum Hörer und führt drei entscheidende Gespräche. »Karascho und bon voyage! Eines Tages besuche ich dich in Hamburg!«

»Danke, guter Mister P.! Möge ich Gelegenheit finden, auch dir einmal einen Gefallen zu tun!«

Kaum bin ich an Bord, da marschieren außerordentlich freundlich lächelnde Herren von verschiedenen Seiten in Richtung *Sposmoker*. Schon von weitem ruft man uns ein fröhliches »Good morning, captain!« zu. Genau die Leute, die uns vor einer Stunde wie Aussätzige behandelten, öffnen flink ihre Koffer mit den Stempeln. Sascha und Sweta können gar nicht so schnell ihre Taschen an Land bekommen, wie wir ausklariert sind.

»No problem! Was kann ich noch für Sie tun? Gute Reise und besuchen Sie Jalta bald mal wieder.«

Der Mann mit den verkniffenen Lippen, der bei der Ankunftskontrolle am liebsten das ganze Schiff auseinandergenommen hätte, liefert ein Musterbeispiel an zuvorkommender Höflichkeit. Bloß weg, eh der Wind umspringt!

»Mach's gut, Sweta! Vergiß nicht, daß wir beide am zweiten Juni Geburtstag haben! Vielleicht feiern wir zusammen. Leb wohl, Sascha! Spasiba, Sascha! Kommt gut nach Hause, ihr beiden!«

Dann übermannt mich die Rührung. Durch einen plötzlichen Schleier sehe ich, wie Klein schon die Leinen einholt, Renate unaufgefordert die Ankerwinsch dreht.

»Hiev! Hiev den Anker! Schäkel ein! Die Fockschot klar! Fender rein! Wir schießen im Hafen auf. Zugleich! Zugleich . . .«

Groß und Fock sausen in die Höhe. Über die Mole hinweg trifft uns Windstärke fünf. *Sposmoker* springt los wie eine Katze und prescht mit zwölf Knoten am Leuchtturm vorbei hinaus ins Schwarze Meer, das tintenblau in der Sonne funkelt.

»Yachta *Clown*! Yachta *Clown*! Yachta *Clown*!«

Der Außenlautsprecher des UKW dröhnt über Deck. Der russische Kat aus St. Petersburg, den wir am Vortag sahen, ruft uns auf Kanal sechzehn. Aber »Yachta *Clown*« antwortet nicht. »Yachta *Clown*« war eine Episode nur.

»Doswidanje, Rußland!«

Die Meilen Restdistanz von der Südspitze der Krim bis zum Bosporus haben wir während der Vorplanung so viele Male schon aufgeschrieben! Jetzt ist die Ankunftszeit in Istanbul schnell ausgerechnet, wobei wir natürlich nicht davon ausgehen können, daß der sich augenblicklich noch verstärkende Schiebewind durchhalten wird. Ein wenig Sicherheit für Flautenzeiten bauen wir ein und werden damit, wie sich später zeigt, goldrichtig liegen. Ein Blick auf die Uhr; in Deutschland ist man zwei Stunden zurück, und die Büros sind demnach noch besetzt.

»Norddeich Radio! Norddeich Radio! Hier ist Delta – Foxtrott – November – Golf! Hier ist *Sposmoker*.«

Als wäre die Station nicht in Ostfriesland, sondern im anderen Rumpf, so klar und ohne jede Störung kommt die Stimme des Funkers aus dem Lautsprecher.

»Guten Tag, *Sposmoker*! Was kann ich für Sie tun?«

»Hier ist *Sposmoker*. Ich habe drei Gespräche.«

Diese moderne Technik fasziniert mich jedesmal! Was die kleine, unter die Decke geschraubte Blechkiste leistet im Vergleich mit den großen Funkstationen meiner frühen Jahre, ist wirklich erstaunlich. Trans-Ocean in Cuxhaven wird als erstes informiert.

»Wir sind durch! Wir haben es geschafft! Wir sind durch! Wir sind auf dem Wege nach Istanbul.«

Dieselbe Botschaft geht an meinen Pressesprecher Andreas Kling, dem eine lange Liste von Personen vorliegt, die jetzt informiert werden müssen. Dann buche ich über das Reisebüro Paul Günther in Hamburg, mit denen ich schon lange gute Erfahrungen machte, Renates Flug von Istanbul. Beim Gespräch mit Cuxhaven versagt mir ein wenig die Stimme, die Nervenanspannung der letzten Wochen macht sich wohl doch bemerkbar.

Als ich wieder an Deck bin, spreche ich in Ruhe mit meinen beiden über den langgehegten, doch nun erfüllten Traum von einer Rußlanddurchquerung mit dem Kat. »Wir sind durch! Ist euch das klar? Wir haben's geschafft!« Aber für lauten Jubel und Triumphgeschrei sind wir alle drei zu erschöpft. Die erste deutsche Yacht, die Rußland durchquerte! Fünfzehn Jahre Arbeit! Was empfindet einer, der nonstop einhand die Welt umsegelt und dann über die Ziellinie geht? Eine große Leere vielleicht und Wehmut, daß der Rausch vorüber ist. Am Ende bin ich den vielen Menschen dankbar, die mir geholfen haben. Sehr nachdenklich gehe ich aufs Vorschiff, um in Ruhe zu beten. Dann rufe ich Tatjana an und nehm ihr eine Last von den Schultern.

Vierzehn Knoten zeigt jetzt die Logge. Die Krim ist über dem Kielwasser im Norden verschwunden. Ich wundere mich über Renate, die trotz brechender See und rasanten Dahinjagens keine Ängste empfindet.

Wir sichten die Küste beidseits des Bosporus in der Mittagssonne des zweiten Tages. Aus der Ferne betrachtet, gibt es zwischen der Ukraine und der Türkei kaum Unterschiede. Die gleiche Topographie, die gleichen weißen Gebäude an steilen Hängen, das gleiche Blau des Meeres samt dem sommerlichen Himmel darüber. Auf den ersten Meilen in der Meeresenge kommt uns ein Lotsenboot entgegen und ändert Kurs, um uns ganz nahe zu passieren. Der Schipper verläßt sogar das Ruderhaus, steht winkend an Deck und tutet dann drei lang zum Willkommen. *Sposmoker* antwortet mit kräftiger Stimme. Erinnerungen werden wach an die russischen Pilots vor Kronstadt, als wir vor unendlich langer Zeit gen St. Petersburg steuerten. Die heitere Unbeschwertheit dieser Türken fehlte den Russen natürlich. Kein Wunder, wenn das Leben beschwerlich ist.

Dicht am westlichen Ufer halten wir uns auf diesem Kurs gen Istanbul, und alsbald zieht eine Traumkulisse vorbei. Klein kann sich fast nicht einkriegen vor Bewunderung und muß bei Türkei wohl öfter an Anatolien und Ziegenhirten gedacht haben. »Das ist ja Blankenese hoch drei oder hoch zehn! Was muß hier für ein Geld sein! Daß Türken so reich sind, hätte ich nie gedacht.«

Die prächtigen Villen und Paläste, die an Steuerbord vorbeiziehen, machen wirklich Eindruck. Millionärsyachten kreuzen in der Nachmittagssonne umher, Megaschiffe liegen vor Anker.

Mit meiner Fragerei gehe ich Klein und Renate fast auf den Geist: »Was ist hier anders? Überlegt euch ganz bewußt, was anders ist als in Rußland. Was ist der Unterschied?«

Nach so vielen Meilen durch das Riesenreich ist es mir wichtig, daß wir Vergleiche ziehen, weil ich die Ursachen immer noch nicht verstehe. Den Reichtum kann man hier mit Händen greifen. Die vielen Autos auf nachmittäglich überfüllten Straßen, private Flugzeuge und Yachten, edle Pferde und schöne Frauen, deren Lebensinhalt aus Müßiggang und Genießen besteht!

In der Dämmerung kommen wir an der Terrasse eines prächtigen Clubs vorbei. Schöne Menschen stehen adrett gekleidet beim Smalltalk in kleinen Gruppen beieinander, weiße Uniformen mit viel Gold sind zu sehen. Dann gehen Millionen von Lampen an, und eine Orgie von Licht taucht sogar die Boote vor der Küste in die Helligkeit des Tages. Das also ist auf den ersten Blick anders. Aber warum bloß? Weshalb machen die einen Urlaub im friedlichen Tal, während auf der anderen Seite des Berges die Kanonen donnern, Krieg und Terror und Tränen herrschen? Warum boomt hier ein Staat mit Zuwachsraten von zehn Prozent, während jenseits seiner Grenze die Menschen Hungers sterben? Nachdenklich motore ich den Bosporus entlang, und wir erreichen Istanbul gegen Mitternacht.

Direkt vor der großen Moschee legen wir an und sind sofort von freundlichen Türken umringt. Man radebrecht in Deutsch und Englisch und versteht oft nur Bahnhof. »Wie weit es per Taxi zum Flughafen ist?« Die Worte »airport« und »Taxi« bescheren mir eine ganze Meute von Droschkenkutschern, die sich heftig um den Job streiten. Am liebsten würde man schon nach Renate greifen. Spricht denn hier niemand englisch oder deutsch? Ein elegant gekleidetes junges Paar kommt mir auf der Pier entgegen. Auf deutsch und englisch entschuldige ich mich für die Belästigung und frage, ob man vielleicht dolmetschen könne und sich in Istanbul auskenne. Leichtes Zurückweichen und ein Schritt schneller die Gangart! Stumme Verachtung und ein instinktiver Griff zur Brieftasche! In dieser Sekunde wird mir bewußt, daß ich zwei Monate nicht beim Friseur war. Mit zerfledderten Bootsschuhen an den Füßen, alten

Jeans und offenem Hemd muß ich aussehen wie ein Strandräuber. Kleider machen Leute! Wäre ich im Smoking gewesen, hätte man mir zu helfen versucht.

Ein pfiffiger türkischer Junge mit wachen Augen bringt dann die Rettung. Das Englisch des Burschen ist passabel, und in der Horde aus Händlern und Fahrern scheint er Gewicht zu haben. Angeblich gehört ihm das Boot vor unseren Steven und »ich bin dein Freund, I help you« klingt verlockend.

»Wenn du mein Freund bist, sag mir, ob und wo ich Wasser kriege und ob ich hier liegen kann für die Nacht.«

Zwanzig Dollar als Geschenk, und das mit dem Liegen geht in Ordnung. Dann latsche ich mit zwei leeren Kanistern durch die Unterführung, vorbei an herrenlosen Hunden und Katzen, zur Moschee auf der anderen Seite der vielbefahrenen Straße. Aber nachts um eins sind die vielen Hähne in der Mauer, die Wasser für die rituellen Waschungen liefern, abgestellt. Schade, geweihtes Wasser hatten wir noch nie im Tank.

Bei Tagesanbruch erschreckt dann die Kehrseite des Wohlstands. Smog wabert trotz der frühen Stunde über der stinkenden Hafenbrühe. Ganze Inseln von Wohlstandsmüll treiben umher, leere Plastikflaschen klopfen im Wellenschlag gegen die Außenhaut des *Sposmoker*. Es riecht übel in Istanbul, und dieser Teil des Hafens ist für Yachten wirklich nicht geeignet. Wir wollen bloß endlich einklarieren und Renates Flieger erreichen, der mittags schon abheben soll. Die richtige Pier herauszufinden haben wir am Abend vorher schon versucht und wurden bloß immer weitergereicht. Aber lag nicht gestern noch ein großer Passagierdampfer uns gegenüber? Wo solche Einheiten verkehren, sind normalerweise auch Paßbehörden präsent. Also nichts wie hin mit dem

Kat. Und tatsächlich haben wir das »passengerterminal« mit dem Abfertigungsgebäude gefunden. Bloß der Piermeister will uns nicht haben, schreit herum, daß wir verschwinden sollen, der Platz würde gebraucht. Verstärkung kommt von mehreren Seiten, und wild schreiend deutet man immer wieder auf den großen Luxusliner im Morgendunst, gar nicht weit entfernt, den die Schlepper zum Anlegen schon drehen. Gewaltsame Vertreibung dräut! Da wird ein Zöllner, den wir weckten, zur Rettung. Der Mann kommt aus tiefstem Schlaf, doch weiß er sofort, was wir brauchen. Einen Stempel in Renates Paß wollen wir, ein Dokument ihrer Einreise, damit sie in wenigen Stunden auch wieder hinaus darf. Laufschritt durch Hallen und Gänge, das mächtige Typhon des riesigen Passagierdampfers ist auch hier drinnen drohend und laut zu hören. Hoffentlich behält Klein die Nerven.

»Sie gehen nicht weg, bis wir den Stempel haben!«

Diese Order rief ich noch rüber vorm Spurt zur Polizei. Rechne schnell, Computer! Tippe rasch, du guter türkischer Officer! Renates Daten flimmern auf dem Bildschirm. Irgend etwas unterschreiben müssen wir auch noch. Dann nichts wie an Bord, ehe ein wütender Lotsenkollege den Kat zerquetscht. Im Kielwasser bleibt ein winkender Zöllner zurück, der sich zwischendurch den Schlaf aus den Augen reibt. In kürzester Zeit war er zu einem Freund geworden, den man nicht vergißt.

Auf der Reede von Istanbul liegen wohl Hunderte von Schiffen. Wir motoren durch die Morgensonne zur Ataköy-Marina, während Renate ihre Koffer packt. Die Tankstelle hat schon auf und nimmt auch amerikanische Dollars. Auf über dreißig Meter langen Millionärsyachten schrubben bezahlte Besatzungen die Decks, wird teurer Lack abgeledert. Die Festmachercrew der Marina kommt im Schlauchboot, geleitet den *Sposmoker* zum Platz, ist höflich und sehr effektiv. Klein und ich genießen den Service, müssen weder Fender überhängen noch Leinen klarlegen. Welch ein Luxus im Empfangsgebäude, wo selbstverständlich Telefon und Fax zur Verfügung stehen, wo ausgesucht höflich und zuvorkommend jeder Wunsch erfüllt wird. Marktwirtschaft hat viele gute Seiten! Vielleicht ist's doch nur das verkehrte System gewesen, das meinen Freunden so viel Elend brachte?

Der Manager der Marina kann sich überhaupt nicht einkriegen vor Bewunderung: »Gerade festgemacht und in zwei Stunden geht das Flugzeug! Und den Stempel haben Sie schon im Paß? Das ist unter normalen Umständen doch gar nicht möglich. Ihre Frau hätte frühestens heute abend, eher morgen ausreisen können.«

Da rollt das Taxi auch schon direkt ans Schiff. Wir nehmen alle Dokumente und Pässe mit, denn wenn LH 3842 abgehoben hat, müssen wir in aller Ruhe richtig klarieren. Es sei vorweggenommen, daß die Prozedur Zeit und Nerven kostet und eine Art Marathonlauf zwischen Hafenkapitän, Zoll, Immigration und Kopierladen beinhaltet. Sogar die Geburtsdaten von Vater und Mutter werden benötigt! Formulare seitenweise gilt es auszufüllen. Am Ende zähle ich mehr als ein Dutzend Stempel, nachdem uns wieder einmal eine Pionierleistung gelungen ist: In einem einzigen Verwaltungsakt klarieren wir nämlich ein und aus. Dieses skurrile Ansinnen überforderte die Phantasie der Bürokraten ein wenig, sie ließen aber trotzdem nichts an Höflichkeit vermissen. Begriffe wie Natopartner und vereinigtes Europa gehen mir im Kopf herum, als am späten Nachmittag endlich dem Gesetz Genüge getan ist. Während das Taxi sich durch den Innenstadtverkehr Istanbuls hupt, der Kofferraum und freie Sitze mit Obst, Gemüse und frischem Brot belegt sind, landet Renate schon in Frankfurt. Die erste westliche Frau, die Rußland auf eigenem Kiel durchquerte. »Herzlichen Glückwunsch!« Abends gratuliere ich ihr noch einmal am Telefon.

Klein und ich haben das längste Stück der Reise noch vor uns. Für den Fall, daß dabei etwas schiefgeht, sind fünfzig Filme und eine erste sachliche Bewertung, die während der Überfahrt auf dem Schwarzen Meer entstand, schon einmal zu Hause in Sicherheit.

III Der lange Weg vom Bosporus zur Elbe

»Aha, aha, aha. Gilligilligi – Aha, aha . . .«

Ausdruck von Lebensfreude, Refrain oder Auftakt zur Stampede? Was die türkische Stimmungskanone von Frau kraftvoll in den abendlichen Himmel über Istanbul schmettert, zermartert mir das Trommelfell. Nicht weit vom Schiff wird musiziert, daß die Fetzen fliegen und sogar die Wände des *Sposmoker* leicht vibrieren. Es ist heiß in der Ataköy-Marina, nachdem die Sonne den ganzen Tag über unbarmherzig herniederbrannte. Ich wälze mich auf der Koje hin und her und verfluche die in meine Richtung gebrachten Lautsprecher. Nach all der Nervenanspannung der letzten Wochen wollte ich uns mit dieser einzigen unbeschwerten Nacht seit Kiel belohnen. Und Kräfte tanken wollten wir, denn eine Fahrt mit ungewissem Ausgang um halb Europa liegt schließlich noch vor uns.

»Laßt mich doch schlafen! Hab Erbarmen, du unbekannte Anheizerin!«

»Aha, aha, aha. Gilligilligi.«

Als stampften Hunderte von ekstatischen Tänzern auf den Boden, es scheint sogar die Pier zu wackeln. Wir liegen auf dem lautesten Platz im ganzen Hafengebiet. Soll ich mitmachen? Auslaufen? Was denkt Klein im Backbordrumpf? In unruhigen Halbschlaf falle ich irgendwann doch. Als ich um vier Uhr meinen Macker wecke, werden drüben hinterm Zaun die Instrumente verpackt. Polizei ist da und viele Taxis. Müde Tänzer sitzen grüppchenweise auf dem Kantstein. Paare vergnügen sich im Halbdunkel seitab. »Komm, *Sposmoker*, es geht nach Cuxhaven!« Fünf Uhr Abfahrt Istanbul.

Furioser Start zur letzten Etappe

Natürlich bin ich nicht abergläubisch! Wer denkt denn in unserer aufgeklärten Zeit noch an Spökenkiekerei und Hokuspokus, wenn ein moderner Hightech-Kat auf lange Reise geht? Andererseits hab' ich's immer vermieden, freitags auszulaufen. Freitags sticht man nicht in See; nur die Terminnot zwingt mich zum Kompromiß. Und als sollte ich gewarnt werden, stößt mein Macker bei der Zubereitung des ersten Kaffees die Tasse um und verbrüht sich das rechte Bein. Schlechtes Omen?

Segelei vom Feinsten verwischt schnell diesen Eindruck. Wir beginnen den Törn mit Groß und Fock und können alsbald zwei Stunden lang blistern. Bei Nord zu Ost sieben, das ist traumhafter halber Wind, wechseln wir zurück auf Groß und Fock und gischten dahin. Dieser Start erinnert an das fetzige Auslaufen von Kiel und wird als gutes Zeichen verbucht. Wir genießen die Rauschefahrt durchs Marmarameer mit dem Durchgang einer Minifront am Nachmittag und vielen sonnigen Abschnitten dazwischen. Was macht es da schon, daß unser Selbststeuer defekt ist! Ab jetzt stehen uns zwölf Stunden täglich an der Pinne ins Haus. Mit vierzehn Knoten und mehr preschen wir in Richtung Dardanellen; wir segeln doch gerne.

Wir schlafen wenig an diesem ersten Tag der Heimreise, denn zu viel zu schauen gibt es und zu reden auch. Wer hätte gedacht, daß die Landschaft der Türkei so reizvoll ist! Berge, Felder und Wälder verlocken zum Verweilen, Ferienzentren am Ufer ebenso. Und nun, da wir beiden wieder allein sind, ein eingespieltes Team seit vielen Jahren, beginnen wir auch, den Törn durch Rußland aufzuarbeiten. Zwischendurch erzählt Klein von den verlustreichen Kämpfen, die es in dieser wichtigen Verbindung zum Schwarzen Meer immer wieder gegeben hat. Bücher las ich über unsere Waffenbrüderschaft mit dem Osmanischen Reich während des Ersten Weltkrieges. So viel Blut tränkte diese Ufer dort drüben. Erst seitdem die Welt mehr fliegt als fährt, haben die großen Schiffahrtsstraßen und ihre neuralgischen Punkte ein wenig von ihrer strategischen Bedeutung verloren. Bei Celibolu begegnen uns ein paar größere Oldtimer-Segler. Sie stampfen unter Maschine gegen die See und setzen mit dem Bugspriet in die Wellenberge. Ein Glück, daß wir nach Südwesten wollen.

»Zweiundzwanzig Uhr fünfzehn Mehmetcik-Feuer quer. Ägäis erreicht.«

Die Eintragung im Schiffstagebuch hat so etwas von Triumph, denn nun haben wir schon etwa hundertsechzig Meilen abgespult. Als seien sie bestellt, begegnet mir eine lange Reihe von Kriegern und liefert einen Anhalt beim Freisegeln von den südlichen Flachs. Solange ich die Lampen der grauen Schatten an Backbord halte, bin ich auf der sicheren Seite. Schließlich müssen wir wegen des defekten Autopilots von Hand steuern, und bei dem starken Nordost kann ich den Kat nicht sich selbst überlassen und zur Kontrolle an die Karte gehen.

Als der Freund endlich um Mitternacht ablöst, jagen wir schon mit neunzehn Knoten, laufen hohe brechende Seen aus dem Dunkel heran. Wenig Schutz haben wir nur von Gökceada und Nisos Limmos. Die Steven tauchen in vorauslaufende Berge, an den Hecks zischt's und brodelt's nur so. Das Rudergehen wird zur Schwerarbeit. Schiff und Besatzung müssen sich an das Meer erst wieder gewöhnen, auch wenn's bloß die Ägäis ist. Wir wechseln häufig zwischen dem ersten und dem zweiten Reff. Die nördlichen Winde pendeln zwischen sechs und neun Beaufort. Ein Höllenritt ist uns beschert, aber als die Sonne aufgeht, besänftigt der warme Sommertag den Starkwind. Gute fünfundzwanzig Grad messen Luft und Wasser. Man müßte nach der Pensionierung nur noch reisen.

An scheinbar vegetationslosen Inseln jagen wir gen Süden vorbei und steuern nachmittags bereits westlichere Kurse. In der Straße von Kaphireos überholen wir mühelos einen größeren Frachter. Lauf, *Sposmoker*! Lauf! Klein ist während seiner letzten Berufsjahre ständig in dieser Gegend unterwegs gewesen und möchte Kap Sunion so gern noch einmal bei Tage sehen. Voller Speed also und ein wenig nach Steuerbord geändert. Rechtzeitig vor Sonnenuntergang sichten wir die berühmte Ecke mit dem Tempel der Athene und winken auf Teufel komm raus, auch wenn man's von Land nicht sieht! Athen schon quer! Noch nicht einmal vierundzwanzig Stunden sind wir unterwegs, seitdem wir die Dardanellen verließen. Glückskinder are rolling home! Eine schwedische Yacht kreuzt unseren Kurs von Steuerbord und trägt gewiß ein Dutzend Menschen übers blaue Meer. Wetten, daß die skandinavischen Schluckspechte jetzt Metaxa trinken, Retsina oder scharf Gebranntes?

Die zweite Nacht auf See bricht an, und der Nordwind läßt nach. Viele Frachter machen uns das Leben schwer. Wir wollen uns nicht ärgern lassen, sondern uns an den funkelnden Sternen erfreuen, zwischen denen Satelliten und Flieger einsam wandern. Auf diesen Wassern segelte

Odysseus schon, spürte den warmen Atem der See, roch den Duft von Land, schmeckte das Salz auf den Lippen. Ich möchte so manches Jahr noch schippern.

Bei der Wachablösung erzähle ich von jenem griechischen Steuermann, den ich vor Jahren auf der Elbe traf. Der Mann stammte von irgendeiner der vielen kleinen Inseln in der Ägäis und war einige Zeit zur See gefahren, bis er die angenehmen Seiten des faulen Lebens auf seinem Eiland richtig schätzen gelernt hatte. Hinfort reduzierte er die Plackerei für das tägliche Brot auf wenige Monate im Winter, um dann zu Hause lange paradiesische Sommer genießen zu können. Welch friedvolle und genußreiche Muße auf der Ducht seines Kaikis. Faulenzen kann angenehm sein, noch dazu, wenn man gut aussieht, ein wenig weltgewandt redet und die schönsten jungen Frauen aus dem nördlichen Europa nach ein paar angenehmen Stunden mit dem griechischen Jüngling lechzen. Touristen fuhr er spazieren, knüpfte zarte Bande, wenn die Gelegenheit sich ergab. Und eines Tages kam Liebe ins Spiel. Eine Tochter der vornehmen Wiener Gesellschaft verlor ihr Herz an den Adonis aus dem Kaiki. Heirat! Familie! Ansprüche!

»And since I married, I started to run!«

Ade, du sonnenwarme Ducht aus Zedernholz. Das Maderl aus dem Alpenland möchte viele Kinder haben.

Durch die Passsage zwischen Kythira und dem Festland steuern wir nach Westen ins Ionische Meer hinaus. Ein paar Frachter kommen gegenan, auf denen auch bei näherem Hinsehen keine Menschenseele zu entdecken ist. Die vielköpfigen Besatzungen unserer frühen Jahre sind zu teuer geworden. Ich halte mich dicht unter der steilen Küste auf der Nordseite der Straße. Wuchtige Fallböen lassen das Wasser um uns her zuweilen regelrecht kochen. Dann knallt der Wind direkt ins Segel, der Kat springt an auf fünfzehn Knoten oder mehr, jagt für ein paar Minuten in Richtung Sizilien und wird in einem plötzlichen Flautenloch abrupt gebremst. In kleinen Buchten und Einschnitten der Felsenküste an Steuerbord ankern diverse Yachten. Auch diese Schiffe wirken menschenleer und wie verlassen an diesem frühen Sonntagmorgen. Dort räkeln sich urlaubende Nordeuropäer wahrscheinlich noch in den Betten, nachdem es gestern abend wieder spät wurde. Ist es eigentlich Arbeit, was Klein und ich hier durchziehen? Die Reise soll auch vermarktet werden, um mit dem Ertrag einen noch größeren *Sposmoker* für weitere Törns bauen zu können. Aber Lust dürfen wir nicht empfinden, sonst kassiert das Finanzamt noch Vergnügungssteuer.

Lakonikos Kalkus heißt die riesige Bucht, die uns auf unserem Weg gen Kap Tainaron bei leichten Winden aus Nord einen richtigen Traumkurs beschert. Nachmittags zwingt dann das Ionische Meer uns Kreuzkurse auf, machen wechselnde leichte Winde die Reise zur Schleichfahrt. Nach dem Wahnsinnsspeed durch die Ägäis ist die Bummelei doppelt frustrierend, werden auch sechs Knoten fast als Stillstand empfunden.

»Wissen Sie eigentlich, daß Düsenjägerpiloten direkt nach der Landung nicht Auto fahren dürfen?« Mein Macker guckt fragend.

Und ich erzähle, was ich einmal irgendwo aufschnappte: »Mit der Begründung, daß die Leute sich nicht sofort von Überschallgeschwindigkeiten auf ›normale‹ Geschwindigkeiten umstellen können.«

Das Ionische Meer hat mein Macker noch nie gemocht. Ausgiebig schimpft der Gute über dieses Seegebiet, das mit leicht gekräuselter Oberfläche und mit seinem herrlichen Blau doch eigentlich besser nicht sein könnte. Sogar ein großer Wal prustet in der Ferne auf

Parallelkurs vor sich hin und sorgt für Abwechslung. Aber vorgefaßte Meinungen und Antipathien sind nun einmal kaum zu verändern. Irgendwie finde ich dann den Bogen zu Margaret Mason, deren Namen ich deshalb noch weiß, weil sie eine der wenigen Frauen war, die mich wirklich haßten.

Als Passagierin von Europa nach Australien war Miss Mason gebucht und Ärztin von Beruf. Vielleicht war mir ein falscher Zungenschlag entschlüpft, als die Dame sich in Rotterdam einschiffte. Vielleicht hatte ich aus Versehen auch einmal mürrisch gegrüßt. Oder dieser Fahrgast konnte mich ganz einfach nicht riechen. Ich habe jedenfalls nie herausbekommen, weshalb unser Verhältnis vom ersten Tage an gespannt war. Es gab spitze Bemerkungen bei jeder Gelegenheit, kleine Sticheleien bei Tisch und betonte Zurückhaltung, wenn ich mich zum Smalltalk zu den Passagieren gesellte. Und hier in dieser Gegend, noch auf dem Weg zum Suez-Kanal, muß sich die Szene abgespielt haben. Da sprachen wir beim Abendbrot darüber, wie schön braungebrannt wir alle während der kurzen Seereise schon geworden waren. Eine ältere Lady machte mir ein besonders nettes Kompliment über »a nice tan« und daß blaue Augen mit blonden Haaren zu ihrem Wunschbild von Schiffsoffizieren gehörten.

»Das ist keine Sonnenbräune! Das ist Bluthochdruck und Whisky!« Doktor Mason zischte die Bosheit quer über den Tisch, knallte die Serviette neben den Teller und verließ uns, bevor die Eiscreme serviert wurde.

Es gibt schon diesen und jenen Menschen, dem sich bei meinem Anblick die Nackenhaare sträuben. Ich denke, daß alles Bemühen dann zwecklos ist. Gegen chemisch begründete Abneigungen helfen weder Geld noch gute Worte. Als ich geendet habe, rauscht ein großes Kriegsschiff mit Braßfahrt heran, umkreist uns und zieht dann weiter, um die Nachschubwege zum ehemaligen Jugoslawien zu kontrollieren.

Leichte Winde herrschen auch am nächsten Tag, und ein sonniges Ionisches Meer umgibt uns wie die Außenalster an einem Sommermorgen. So viele Meilen müssen wir noch abspulen, und ein dringender Vortragstermin in Deutschland, auf den ich mich als hemmungsloser Optimist einließ, zwingen uns, fast regattamäßig jeden Hauch auszunutzen. Aufmerksames Steuern und optimaler Segeltrimm sind angesagt. Bei einem Blick auf die Karte von Europa frage ich mich, ob ich mir nicht zuviel vornahm. Aber weiter geht's in Richtung Sizilien, und lange Gespräche führen wir, ob wir südlich durch den Malta-Kanal oder nördlich durch die Straße von Messina gehen werden. Unermüdlich kreuzen wir unterhalb des italienischen Stiefels, und die besseren Anliegerkurse bringen uns dann doch in Richtung Stiefelspitze. Wir werden Sizilien an Backbord lassen.

Eine Menge zu erzählen gibt es jetzt, weil wir beide schon so häufig hier entlang gekommen sind und weil die Bummelei bei dem schönen Wetter Zeit läßt zum Klönen. Alte Geschichten werden deshalb lebendig, wie zum Beispiel die vom Wettrennen der *Blumenthal* mit dem Wilhelmsen-Liner *Tarn*. Die Norweger waren schon an der australischen Küste ein ständig argwöhnisch beäugter Konkurrent gewesen, der uns gut zahlende Ladung vor der Nase wegschnappte. Während der langen Reise durch den Indischen Ozean und das Rote Meer hatten die Schiffe niemals Sichtkontakt, waren aber doch zur gleichen Zeit auf der gleichen Route. Irgendwo vor Sizilien kam der Angstgegner dann langsam von achtern auf. Unser Leitender Ing. holte das letzte heraus; wir auf der Brücke wälzten Stromkarten und

Handbücher, um nur keinen Meter aus Dummheit zu verschenken. Der Ehrgeiz ließ uns Ecken haarscharf runden. Voll auf Risiko! Aber die stärkere Maschine gab den Ausschlag. Auf der allerletzten Etappe vor Genua zeigte die *Tarn* uns das Heck. Gesiegt haben wir dennoch durch die Chuzpe unseres Agenten, hatte dieses Cleverle doch bei der Hafenverwaltung eine Vorzugsbehandlung für uns herausgeholt, weil er unsere Tiefkühlladung, ein paar hundert Tonnen Lobster, ins Spiel brachte. Der Gewinner des Rennens mußte vor der Mole ankern und warten, bis wir abgefertigt waren und den Platz räumten.

In der Nacht vor dem Landfall liegt Dunst über den Wassern. Bei klarer Sicht müßte man den Ätna und die Berge von Sizilien gegen den Sternenhimmel sehen können. Einmal kamen wir beide hier entlang, als der Vulkan gerade aktiv war.

»Wissen Sie noch? Dieses Leuchten so viele Meilen vor der Küste und die rote Flut der Lavafelder an den Flanken?«

Ein pulsierendes Glimmen war damals über der westlichen Kimm zu sehen und später das Flackern der Eruptionen. Nichts davon an diesem Morgen. Nur das GPS zeigt uns die Nähe des Landes. Ohne dieses Wunderding an Bord würden wir jetzt versuchen, Rückschlüsse aus den Kursen der Fischer zu ziehen. Mehrere hellblau gestrichene italienische Trawler überholen uns und verschwinden in der milchigen Suppe, steuern nach Sirakusa, Catania oder Riposto vielleicht. Schnelles Aufbrisen dann mit der höher steigenden Sonne. Vielleicht war die Entscheidung für die Straße von Messina doch nicht so klug? Nordwest sieben macht uns das Leben schwer. Lauf, *Sposmoker*! Lauf! Ich wende auf Backbordbug, damit mein Macker im Leerumpf wenigstens etwas Ruhe bekommt. Wenn wir voll gegenan brettern, schreibt er immer »Ritt auf dem Drachen« in sein Tagebuch, was soviel wie »konnte wieder nicht schlafen« bedeutet.

Unter günstigen Bedingungen hätte dies ein herrlicher Reisetag durch die Straße von Messina sein können. Aberglaube oder nicht, wir sind nun mal an einem Freitag von Istanbul ausgelaufen. So einen Fehler vor so einer langen Reise hätte mein guter Kümoschipper und Lehrmeister meiner ersten Jahre nie gemacht. Starkwind voll von vorn und kräftiger Gegenstrom kommen hinzu. Wenn man bloß wüßte, wie's im Süden der Insel aussieht. In wenigen Stunden könnten wir bei diesem Wind dorthin jagen und doch noch den Malta-Kanal benutzen. Wir wägen ab, und Klein ist für Weitermachen. Versuchen wir's also. Zwei Yachten, die unter Vollzeug von Norden kommend einen Traumkurs steuern, können meinen Macker auch nicht umstimmen. Der Kat donnert in die Seen, und Gischt weht übers Deck. Hätten wir alles von achtern gehabt, so wären wir nachmittags bereits durch die Enge gewesen. So aber wende ich um fünfzehn Uhr erst dicht vor Taormina, betrachte die Promenade voller Sehnsucht. Der innere Schweinehund läßt an Einlaufen denken. Man sollte dort drüben Wein trinken gehen und dann endlich mal schlafen.

Wir kreuzen aber weiter vor der italienischen Küste mit kurzen Schlägen nach Norden. Aber wenn wir hier schon nicht urlauben können, dann wollen wir doch wenigstens die Atmosphäre genießen. Mit Hilfe der Lote wende ich zuweilen erst dann im ganz Flachen, wenn das Wasser sich schon verfärbt. An offenen Booten, die unsere Landsleute über die Alpen trailerten, preschen wir winkend vorbei. Deutlich ist das Hupen von Autos auf der Uferstraße zu hören, das Vorbeifahren eines langen

Zuges. Einmal sehe ich mit dem Fernglas hinüber zu einer Reihe Liegestühle am Strand. Als eine junge Frau sich aufrichtet und zum Kieker greift, um den Kat zu betrachten, stelle ich schärfer ein. Eine Weile gucken wir uns gegenseitig ins Okular, dann legt die Dame das Glas beiseite, geht gezielt zum Wasser, geht ohne zu zögern in die Fluten und schwimmt in meine Richtung. Später werde ich mich Feigling schimpfen, weil ich wende und Richtung See halte.

Mit den aufflammenden Lichtern kommen die Fähren. Im südlichen Teil der Enge mußten wir nur gelegentlich mal ausweichen. Bei Messina geht's dann richtig los, so daß man Angst bekommen könnte, zumal die Schiffe in dem Gefunkel von Land fast nicht zu sehen sind. Höllisch aufpassen muß ich jetzt, von beiden Seiten nehmen die schnellen Querläufer den *Sposmoker* in die Mangel. Aber am meisten bereue ich den Entschluß für diese Passage wegen des starken Stromes. Um das Maß vollzumachen, läßt auch der Wind nach. Obwohl wir Diesel eigentlich nicht verfahren sollten, laufen beide Maschinen mit Volldampf. Ich werde dennoch rückwärts getrieben und gerate in abscheuliche Stromkabbelungen. Was müssen gelegentliche Hobbysegler hier empfinden, wenn die dunkel brodelnde Flut sogar einem alten Salzbuckel wie mir unheimlich vorkommt. Zuweilen wirkt das Wasser, als trüge es nicht mehr. Verständlich werden die Geschichten der Alten von den gar »schröcklichen« Strudeln bei Skylla und Charybdis. Bloß weg und dicht unter Land den Neerstrom gesucht!

An der Ostseite der Enge gehe ich bis auf wenige Meter an den Sandstrand. Kleine steinerne Molen umkurve ich und nutze jede Ausbuchtung zum Vorwärtskommen. Hoffentlich liegt nicht irgendwo ein Unterwasserhindernis unbeleuchtet herum. Äußerste Konzentration beim Steuern ist gefragt. Trotz aller Dramatik werden diese letzten Meilen der Passage auch zu einer romantischen Bootsfahrt nicht ohne Reiz. An Land ist natürlich das volle Vergnügungsprogramm im Gange, wie es in diesen südlichen Ländern allabendlich stattfindet. Der Duft von Gebratenem und Gesottenem zieht herüber. Fast meine ich, trotz des Motorengeräusches die Würstchen auf dem Grill zischen zu hören. Es riecht nach Knoblauch und Parfum, Benzin und Tang und Meersalz. Auf niedrigen Balustraden sitzt schwatzendes Volk in sommerlicher Kleidung, in schicken Restaurants wird vornehm bedient. Musik und Lachen höre ich, und mehrmals rufen Frauen mit Rebensaft im Blut irgend etwas Verlockendes, winken mir zu. Der Mond ist aufgegangen, und für die Menschen an Land muß der riesige elegante Kat im silbernen Licht ein schöner Anblick sein. Ich lasse Groß und Fock leicht mitziehen, und so paßt unser Segler ins Bild von Urlaub und Meer. Wie's im Boot aussieht, das ahnt allerdings niemand, und der Mief von zwei ungeduschten alten Männern bleibt dem Volk an der Küste erspart. Als ich Klein um Mitternacht wecke, ist das engste Stück der Durchfahrt bewältigt.

Sizilien läßt uns nicht los. Das Tyrrhenische Meer begrüßt uns mit Flaute. Um nicht in die Straße von Messina zurückgetrieben zu werden, beginnen wir den Törn unter Maschine in Richtung Liparische Inseln. Als dann endlich Wind kommt, ist die Richtung natürlich verkehrt. Wieder beginnen wir, hoch am Wind gegen die See zu ballern, und verzweifeln fast, weil diese gebirgige Küste südlich von uns kein Ende nehmen will. Der einzige Lichtblick sind die angenehmen Temperaturen von Luft und Wasser. Ansonsten gibt es eindeutig Parallelen zur Heimreise an der Westküste Grönlands, der Insel, die uns auch nicht loslassen wollte. Hier segeln wir zum

Glück nur mit Hemd und Hose bekleidet, und wenn fliegende Gischt uns duscht, trocknen die Klamotten sofort wieder. Lipari aalt sich in der Mittagssonne, bei Salina spielen drei Yachten herum. Wir reden über die Siesta an Land, wo die Hunde im Schatten dösen und sogar die Esel jetzt Mittagsschlaf halten.

Dann fällt auf *Sposmoker* die Steuerbordmaschine aus! Überstunden sind angesagt.

Zitat aus dem Schiffstagebuch: »Während des Nachmittags vielfältige Bemühungen um die Steuerbordmaschine. Ist mit Bordmitteln nicht zu reparieren.«

Fast eine ganze Nacht lang stehen wir vor Palermo. Eine Gewitterfront mit heftigen Regenböen beschert uns viele Manöver. Doppelwache ist angesagt, weil wegen des defekten Selbststeuers ein Mann ständig an der Pinne gebraucht wird, die Freiwache die Segel bedient. Klein ist lange Zeit von Palermo nach Athen Linie gefahren und kennt die Zeiten, zu denen die großen Fähren in Massen verkehren. Im wasserfallartigen Gewitterregen nützt uns dieses Wissen wenig; man kann die Hand nicht vor Augen sehen. Als einer der großen Kästen uns bedrohlich nahe kommt, wird der Wunsch einzulaufen, um den Idioten zu verprügeln, übermächtig. Klein hat gute Freunde dort in der Stadt, deren Lichter zwischen den Schauern herüberfunkeln. Hier wurde er als Kapitän hofiert und häufig zum Essen eingeladen. Die ganze Küste ist dem Freund vertraut. Als der Sommermorgen nach dem Gewitter ein frischgewaschenes, sonniges Land präsentiert, schwelgt er in Wiedersehensfreude. An jeder Ecke, in jeder Bucht hängen schließlich Erinnerungen. Blöde Insel, ich muß nach Cuxhaven! Ob es ein Fehler war, am Freitag in See zu stechen?

Segeln – die schönste Nebensache der Welt

Wie häufig, wenn es so schlecht läuft, höre ich dauernd Wetterberichte. Irgendein Meteorologe muß sich doch unser erbarmen und etwas Hoffnungsvolles prophezeien. Wunschdenken diktiert das Bummeln von Station zu Station. Und die Götter erhören mein Flehen. Immer nördlicher wird der Wind. Als wir die Westecke Siziliens passiert haben, ziehen Groß und Fock bei drei bis vier Windstärken. Um gut zu laufen, müssen wir leider noch etwas zu südlich halten, kommen möglicherweise Afrika zu nahe. Ansonsten gibt es nichts zu mekkern.

»Man bekommt alles heraus im Leben, was man eingezahlt hat.«

Klein macht mir Mut, und wieder segeln wir den *Sposmoker* regattamäßig und kämpfen um jeden Knoten Fahrt. Östlicher wird der Wind. Der Blister geht hoch, wird auch nachts gefahren. Siebenundzwanzig Grad zeigt das Thermometer tagsüber. Wenn ich allein an Deck bin, segele ich nackt. Auf Freiwache wird versäumter Schlaf nachgeholt. Zwölf Stunden pro Tag steuern von Hand sind anstrengend genug. Navigation, Mahlzeiten und Arbeiten am Boot kommen hinzu.

Drei herrliche Segeltage. Wir preschen südlich an Sardinien vorbei, lassen Mallorca an Steuerbord. Ist da irgendwo im Kielwasser ein Alptraum von Starkwind gegenan und nächtlichen Gewitterfronten? Segeln ist doch die schönste Nebensache der Welt! Ich spreche mit Klein darüber, daß er mit sechsundsechzig Jahren immer noch zur See fährt, und erzähle dann von Pricker, seinem hundertprozentigen Gegenpart.

Mit dem Mann fuhr ich in den fünfziger Jahren SAWK oder Südamerika-Westküste, wie die Gegend im

Reedereijargon genannt wurde. Damals war die Gegend ein aus Büchern und Filmen sattsam bekanntes Paradies für Seeleute, in dem unser Dampfer lange in einer geschützten Bucht ankerte. Wir warteten auf eine Ladung Kaffee, und Fritz Pricker und ich schipperten jeden Morgen mit dem Boot zur Pier vor dem Dorf, um die Sailors von der Nachtschicht an Land zur Arbeit an Bord zu holen. Fritz und ich waren Offiziersanwärter und mußten wegen der vom Kapitän regelmäßig abzugebenden Beurteilungen sauber bleiben; deshalb verbot sich auch die morgendliche Fahrt mit der Freudenhausfähre. Also teilten wir beiden uns die Wache an Bord und pflegten den langweiligen, aber gesunden Alleinschlaf.

Sind wir für unsere erzwungene Enthaltsamkeit nicht reich beschenkt worden mit herrlichen Erlebnissen auf jenem unvergeßlichen Wassertaxi? Welch eine Morgenstimmung zu Beginn eines Tropentages! Welch eine Stille bei der nur kurzen fahlen Röte im Osten! Und dann plötzlich Licht! Leichter Dunst zunächst noch über dem Wasser und wie angeknipst dann ein Rausch von Farben. Und an Land krähten die Hähne, während es im dichten Wald am Hang über den Hütten lebendig wurde.

Das größte aber waren die Mantas! Riesenrochen zogen im klaren Wasser unter uns ihre Bahn; sie sahen aus wie große Vögel, die sich mit langsamem Flügelschlag vorwärts bewegten. Man konnte vor lauter ungläubigem Staunen das Pullen fast vergessen, und als wir trieben, sagte mein guter Fritz, daß man auf den Dingern reiten könne. Ich glaubte ihm das nicht, und schon lagen des Mackers Hemd und Hose auf der Ducht. Der nackte Pricker rutschte über die Kante, holte Luft, peilte den nächsten Manta an und ließ sich unter Wasser ein Stück ziehen. Heute machen Sporttaucher so etwas öfter, aber damals wußte ich über Riesenrochen noch wenig. War ich beeindruckt! Und selbstverständlich hieß Fritz seit jenem Morgen nur noch der Mantareiter oder Manta-Pricker.

Nach fast vierzig Jahren traf ich Fritz Pricker erst kürzlich wieder und fragte ihn als erstes, ob die Amerikaner bei seinem Namen immer noch so lachen müssen. Aber der Mantareiter von damals hatte seinen Humor verloren. Nach einem minutiösen Fahrplan flitzt er mit einem großen Containerjager um den Globus, was eine ernste Sache ist. So kindische Jugendsünden mit großen Rochen passen da nicht zum Image. »Weißt du noch? Früher, jene Bucht? Unsere Fähre übers Wasser?« Wie's meine Art ist, geriet ich ins Schwärmen, erzählte von dem Indonesier auch, auf dem ich gerade Tapioka roch und einen Hauch von Javasee. Von den Bergen Balis zwischen plötzlich aufreißenden Wolken redete ich und von einem Mädchen mit Gazellengliedern und einer Blüte im Haar beim Wasserschöpfen am Fluß.

In meiner Euphorie war ich kaum noch zu stoppen. Also kam ich auf mein Boot zu sprechen und wie ich mir im Urlaub Romantik reinziehe. Die Kreidefelsen von Mön und Rügen erwähnte ich, die norwegischen Fjorde und den Landfall bei den Färöern. Die Tage auf See ganz allein und eine Bucht irgendwo in Spitzbergen oder Grönland! Sind jene einsame Stille, das Licht über dem Eis, das Gebrüll der Walrösser es nicht wert, all die Meilen wiederhinzusegeln? Und in die Magellanstraße möchte ich auch noch mal.

»Du segelst in deinem Urlaub einhand?« Pricker sah mich an, als sei ich im Kopf nicht richtig. »Du segelst in deiner Freizeit? Ich für meinen Teil hasse das Meer!«

Der Mann warf sich richtig in die Brust bei dem Satz,

als müsse er seine Abneigung noch unterstreichen, und dann kam Mantafritzes Bekenntnis. »Wenn ich hoffentlich bald pensioniert bin, dann schultere ich einen Riemen und nehme ein Zepter in die Hand und wandere in Richtung Berge. Und wo die Leute mich fragen, was für seltsame Gerätschaften ich da schleppe und wozu man solche Dinge brauche, da lasse ich mich nieder. Da wird mir keiner mehr faseln von blauen Tiefen, dem Morgen vor Sydney, vom Abend vor Hawaii und von Fischen und Albatrossen. Und ich interessiere mich dann nur noch für den Holzpreis und ob's ein gutes Bienenjahr wird.«

Man kann's nicht vermitteln! Das hab' ich auch gedacht, als ich von Gudrun Calligaros Törn mit der Yacht *Mädchen* las. Oder als ein Lotsenkollege fragte, weshalb er wohl mit vier Knoten segeln sollte, wo er auf der Elbe schon sauer sei, wenn ein Dampfer nur zehn laufe. Man kann es nicht rüberbringen. An diesen Satz denke ich mittlerweile auch, wenn mich Leute fragen, was ich ganz alleine auf See will und ob solche Einhandtörns nicht langweilig sind. Aber wenn hinter mir die Sonne aufgeht und voraus die schottische Küste über die Kimm kommt, wenn nach einem herrlichen Segeltag unter Avernakö der Anker fällt oder wenn im Sognefjord ein mächtiger Wasserfall von oben rauscht, dann kommt ganz allmählich eine unbeschreibliche Freude auf.

»Daß einer nach vierzig Jahren dem Meer den Rükken kehrt und in die Berge wandert? So etwas macht doch nur einer, der auch morgens um sechs nackt auf 'nem Manta reitet. Der muß doch 'ne Meise haben! Oder was meinen Sie, Herr Klein?«

Diese Rennstrecke in Richtung Suez-Kanal haben wir beide jahrzehntelang benutzt. Während der fünfziger Jahre fuhr ich auch zwischen Hamburg, Spanien, Algerien und Marokko. Über eines sind wir uns einig, das Meer war früher belebter. Schwärme von Seevögeln gab es und überall die großen Schulen springender Tümmler; Quallen und kleine Fische waren unterwegs und Schildkröten sah man zuhauf. Nachts gab es auf dem Wasser durch die vielen Lampenfischer das Lichtermeer ganzer Städte. Jetzt scheint dieses Gebiet wie tot oder abgeräumt. Und noch etwas verwundert uns. Es ist doch Hauptferienzeit. Müßten nicht viel mehr Yachten unterwegs sein? Seit Istanbul sind uns vielleicht ein Dutzend Boote begegnet. Und an diesen Gestaden sollen Hunderttausende von Freizeitschippern urlauben? Wir bleiben allein, sichten auch keine Frachter mehr. Die gab es früher als Kleinschiffahrt ebenfalls in Scharen.

Mallorca lese ich jetzt auf der Karte, Ibiza. Die Straße von Gibraltar peilt recht voraus. Mein Vortragstermin wird zum Dauerthema, und Rechnen ist angesagt. Wenn der portugiesische Norder? Wer weiß, was die Biskaya bringt? Ein einziges Tief, das uns mitnimmt im Englischen Kanal, kann alles retten. Ich telefoniere mit dem Veranstalter, der mich auch von einem französischen oder englischen Hafen hin- und zurückfliegen will. Doch wir sind auf Cuxhaven nonstop programmiert und bemühen uns nach Kräften um jede einzelne Meile. Heißt das Konzept unseres Schiffes nicht »schneller Reisekat«? Die Freunde vom Wetteramt produzieren günstige Vorhersagen am laufenden Band. Die Wirklichkeit sieht leider anders aus: Der Schiebewind läßt nach.

Etwa sechzig Seemeilen nördlich von Algier kreuzt ein großer Hai unseren Kurs. Ich habe diese Viecher nie gemocht. Selbstverständlich kann ich rational nachvollziehen, was Umweltschützer und Naturfreunde zugunsten dieses Bausteins im ökologischen Gleichgewicht

192

anführen. Meine Gefühle sind aber nun mal anders beim Anblick der großen Räuber. Auch den Ausdruck Räuber werden mir Grüne gewiß ankreiden. Aber ich bin befangen, denn schreckliche Unfälle sah ich in Australien und Indonesien, verstümmelte Menschen traf ich in der Karibik und im Roten Meer. Schon lange habe ich die seltsame Vorahnung, daß ich eines Tages von Haien gefressen werde. All dies erzähle ich meinem Macker, während wir gemeinsam den großen Burschen jetzt nahe bei uns beobachten. Das Tier von etwa dreieinhalb Meter Länge ist grau gefärbt mit hellerem Bauch und von schlanker, eleganter Figur. Mühelos hält der Kerl unseren Speed, schwimmt ein Stück voraus und beschreibt einen Bogen. Die dreieckige Flosse zieht schulbuchmäßig über der Oberfläche dahin. Ich gehe beim nächsten Überholvorgang nach vorne, halte mich mit der Hand am Vorstag, während das Tier dicht am Steuerbordrumpf entlangstreicht. Einbildung oder nicht, der Kerl dreht sich leicht schräg auf die rechte Seite, und wir sehen einander in die Augen. Ein paar schnelle Schläge mit der Schwanzflosse, und das Biest zieht davon.

Von Flauten, Pech und Wetterfröschen

Am Abend des gleichen Tages falle ich ins Mittelmeer!

Zitat Schiffstagebuch: »Mann über Bord! Beim Bergen des Blisters, etwa um 22 Uhr, rutschte ich nach Ausreißen von zwei seiner Befestigungen durch das vordere Netz ins Wasser. Der durch meine Hilferufe aus dem Schlaf gerissene R. Klein rettet mich mit Lotsenleiter, Seilschlinge und starkem Arm in tiefschwarzer Nacht aus der lebensbedrohenden Lage.«

Es ist flau geworden an diesem Abend. Die bunte Blase Blister hängt dort vorn schlaff und nutzlos am Fall. Weil ich mit der verbliebenen Maschine kraftstoffsparend ganz langsam motoren will, gehe ich zum Segelbergen nach vorne. Der Sturz zwischen Beam und Netz ist eine Sache von Sekundenbruchteilen und gibt mir immer noch zu denken, weil ich völlig ausgeliefert war. Von jeher war ich der Meinung, daß ich mich bei einer umstürzenden Leiter etwa noch halten könnte oder abspringen. Eine hilflose Lage, eine Situation, die ich nicht beeinflussen kann, schien mir unvorstellbar. Aber das erste Bändsel reißt wohl durch mein Gewicht, und im Fallen schlage ich das nächste mit ab. Grenzenlos verblüfft, das ist die erste Reaktion, finde ich mich plötzlich im warmen Wasser wieder. Als ich auftauche, beginne ich instinktiv zu schwimmen. Ganz langsame Fahrt macht *Sposmoker* noch, schleppt aber zum Glück die Leine des Blisterbergeschlauches hinterher. Der Hai! Der Hai! Die Erinnerung an das Biest des Nachmittags hämmert jetzt durchs Hirn und läßt mich schwimmen, so schnell ich kann. Ich beginne zu schreien: »Mann über Bord! Mann über Bord! Hilfe! Herr Klein! Herr Klein! Mann über Bord!«

Als ich die nachschleppende Leine zu fassen bekomme, ziehe ich mich in Richtung herabhängendes Netz und schreie weiter. Schlaftrunken jetzt mein Makker an Deck: »Was ist los? Wo sind Sie? Was ist denn? Wo sind Sie denn?«

Und mit der Angst, jeden Moment gepackt und in die Tiefe gerissen zu werden von dem Vieh irgendwo in der Schwärze um mich her, schreie ich nach Lotsenleiter, nach Seil, nach Hilfe, mag gar nicht nach unten treten mit den Füßen, versuche vergeblich, mich an der dünnen Leine des Blisters hochzuziehen. Klein stolpert herum, gräbt in der Kiste nach der Treppe, bringt eine zusätzliche Leine, und irgendwann liege ich triefend naß auf dem vorderen Catwalk und beginne zu beten. Dann bedanke ich mich bei meinem Freund und bin zum zweiten Mal sechzig geworden auf dieser Reise.

Wenn bei Flaute Segelbergen und anschließendes Motoren geplant sind, starte ich normalerweise die Maschinen schon, bevor ich nach vorne gehe. Fügung, daß ich's unterließ, daß der Kat noch keine Marschfahrt lief, der Diesel noch nicht lärmend hämmerte? Zufall, daß Klein das Vorluk auf Spalt gestellt hatte und mich nur deshalb hören konnte? Schutzengels Arbeit, daß die Bergeleine des Blisters nachschleppte und ich etwas zu greifen fand? Ich kreide mir den Sturz stark an, denn die Sache hat mit Nachlässigkeit zu tun. Die Bändsel, mit denen die Netze befestigt sind, waren drei Jahre im harten Einsatz, haben Spitzbergen, Grönland und den heißen Törn durch Rußland hinter sich. Ich wußte, daß hier und da schon längst einiges hätte ausgewechselt werden müssen, habe es aber aus Zeitmangel und Faulheit unterlassen. So ist dieser Vorfall ein Fleck auf meiner Weste und bekümmert mich noch immer, denn gerade ich habe jahrzehntelang aller Welt verkündet, daß Berufsseeleute sich an Bord sicher auf Seebeinen bewegen. Eine alte Teerjacke fällt mal nach einem Bummel durch die Bars morgens um vier von der Gangway zwischen Schiff und Kai. So ein Sturz ist quasi normal, aber bei totaler Flaute einfach über Bord? Nördlich von Algier bekam ich die Quittung für mein Gerede.

Wir treiben einige Zeit. Irgendwann starte ich dann die Backbordmaschine und steuere Westkurs. Klein will mich ablösen. Er sei viel zu aufgeregt zum Schlafen, und ich soll zur Koje gehen, bis ich von alleine aufwache. Als ich mit Süßwasser abgespült und trockengerubbelt langliege, bete ich noch einmal und falle dann augenblicklich in stundenlangen Tiefschlaf. Bei meiner Ablösung gegen Morgen erzählt mein Macker, daß er einen ordentlichen Wodka genommen hat auf den Schreck und daß er die ganze Zeit grübelte, was im Ernstfall passiert wäre. Die Verhandlung vor dem Seeamt hätte er gewiß mit Mut bewältigt. Unvorstellbar erscheint ihm dagegen die Begegnung mit Renate nach ergebnisloser Suche.

»Die hätte gesagt, bei Unfalltod doppelte Versicherungssumme.« Ich versuche zu scherzen und gehe anschließend eine sehr nachdenkliche Wache.

Die Flaute dauert fast vierzehn Stunden. Mit der Backbordmaschine laufen wir Schleichfahrt, um Kraftstoff zu sparen. Selbstverständlich kann man nicht auf einer von Istanbul nach Cuxhaven nonstop geplanten Reise jede Windstille ausmotoren. Andererseits wollen wir hier nicht tatenlos warten, erhoffen wir uns doch weiter westlich besseren Wind. Die Meteorologen versprechen uns ohnehin viel günstigere Bedingungen als die frustrierende Realität, die uns umgibt.

Endlich gegen Mittag des nächsten Tages aber doch wieder Segelwind. Cartagena voraus! Mensch, Gerd, jetzt sind wir schon in Spanien! Der Blister geht hoch, und mit Rauschefahrt prescht der Kat parallel zur Küste in Richtung Cap de Gata. Lebhafter Berufsschiffsverkehr sorgt für Abwechslung und beschert uns Triumphe beim Aussegeln großer Frachter. Weiter südlich zur afrikanischen Küste hin soll es noch stärker aus Osten wehen! Unser Gibraltar-Wind! Unsere Schiebebrise! Pustekuchen! Direkt an der Südostecke Spaniens laufen wir innerhalb von fünf Minuten von Nordost vier in totale Flaute.

Wetterfrösche genießen Narrenfreiheit. Hätten wir doch bloß ein wenig Wind von der Traumbrise, die die

Leute uns versprechen. Im Golf von Almeria dümpelt ein einsames Segelboot. Frachter und Fischer kommen zum Teil ganz nah vorbei und einmal sogar ein russisches Fluß-See-Schiff, das ich als Baltiski einordne. Was wollen die Menschen hier so weit im Westen mit ihrem Blechding! Die müssen doch hoffentlich nicht in den Atlantik mit seiner hohen Dünung? So vertraut sind mir die Dinger mittlerweile, daß ich auch mit geschlossenen Augen das Geräusch der Maschine, den Geruch des russischen Treibstoffs einordnen kann. Ob wir den Freund mal auf UKW rufen, um wie damals auf der Wolga ein paar Kanister Diesel zu kaufen? Wir sprechen lange über den Fall, und Klein ist dringend für den Versuch. Ich denke jedoch, daß zu viele andere Schiffe mithören und daß in diesen Gewässern jeder Kapitän fragen wird, warum wir nicht nach Almeria laufen und zur Tankstelle gehen. Cuxhaven nonstop soll es nun mal sein! Ein Berufsseemann versteht solch sportlichen Ehrgeiz doch nicht.

Sposmoker treibt mit Frust an der Küste entlang. Die meisten Häfen hier kennen wir. Auf der Straße dort drüben waren wir beide schon unterwegs. Spanische Berge am Tage und das Gefunkel vieler Ferienzentren während der Nacht! Schleichfahrt in Küstennähe ist noch schlimmer als mitten auf dem Atlantik, denn hier wird man sich bei jedem neuen Eindruck bewußt, wie langsam man vorwärts kommt. Sollte Gibraltar nicht längst schon hinter uns liegen? Wir dümpeln vor Malaga herum und checken die Vorräte. Gas, Wasser und Diesel sind ausreichend vorhanden, und der Proviant reicht noch viele Wochen, wenn wir gegen Ende mit einem etwas eintönigen Speisezettel zufrieden sind. Noch gibt es köstliche Mahlzeiten; gelegentlich gönnen wir uns ein Bier. An Fruchtsaft und Wodka zur Verdünnung ist kein Mangel. In Malaga kaufte ich einmal große Mengen Wein vom Schiffshändler und lud die Passagiere zum Umtrunk am Abend nach dem Auslaufen. Auf die spanische Art, im geschütteten Bogen zu trinken, ohne anzusetzen, hieß die Devise. Ein durchaus gelungener Abend, obwohl einige der Herrschaften einen ganzen Reisetag aus ihrer Erinnerung streichen mußten. Wir beiden Alten waren schon seit Jahren nicht mehr richtig betrunken.

Gibraltar dann endlich doch. Zur großen Freude meines Mackers passieren wir die Enge am Tage. Ich möchte zwar auch wieder nach Sydney, Hongkong oder Frisco, hätte aber nicht gedacht, daß man sich so sehr nach den alten Plätzen sehnen kann. Riesige Freude kommt auf, als wir dicht an der Ostseite des hohen Felsens entlangbummeln. Punta Europa und lange Geschichten vom Urlaub in der Kolonie. Wir segeln einen Schlag in die Bucht von Algeciras, von wo mein Macker früher Linie nach Marseille fuhr. Mehrere Yachten sind jetzt bei uns. Der Mastenwald der Marina von Gibraltar ist zu sehen, und ich verspreche dem Freund, daß wir, wenn ich pensioniert bin, noch mal ganz in Ruhe an Spaniens Küsten bummeln gehen. Die Fähre nach Ceuta macht uns schaukeln. Der Dampfer aus Tanger geht ganz dicht vorbei, und es sind offensichtlich deutsche Touristen, die an der Reling lautes Geschrei und Gewinke veranstalten. Wenn die Leute schon so viel Wind machen, dann sollen sie wenigstens etwas Handfestes zum Segeln schicken. Unter Groß und Maschine läuft *Sposmoker* extrem dicht unter Land in Richtung Tarifa. Ein paar Touristenboote angeln vor Anker liegend. Wäre nicht die Guardia Civil so nah bei uns auf Kontrollfahrt, würden wir nach frischen Fischen fragen. Es wird viel geschmuggelt über diese Straße. Falscher Verdacht mit langen Scherereien ist das letzte, was wir jetzt brauchen können.

Zweitausendzweihundertzwanzig Meilen haben wir seit Istanbul auf der Logge. Kruzitürken! Ein schöner Anlieger nach Kap Vicente wäre in nicht mal vierundzwanzig Stunden zu segeln. Wir benötigen drei Tage. Niemals wieder werde ich freitags zu einer langen Reise auslaufen!

Im Golf von Cadiz wird alle Hoffnung auf eine rechtzeitige Ankunft in Cuxhaven zunichte gemacht. Auch ein Hafen an der englischen Kanalküste ist nun nicht mehr machbar. Norddeich Radio bekommt viel zu tun mit dem *Sposmoker*. Nebenbei hören wir, daß in Deutschland immer noch fast vierzig Grad gemessen werden. Wir haben jetzt das kalte Wasser des Atlantiks unter uns und laufen seit der Straße von Gibraltar wieder mit Faserpelz und Ölzeug umher. Mit Mut und Zuversicht treibt der Kat auf der Stelle. Die vielen Kreuzkurse auf der Karte sind schon gar nicht mehr korrekt einzuzeichnen, werden fast als Schraffur empfunden. Leichte Winde und Schwell von Westen sind wirklich das letzte, was wir uns gewünscht haben. In einer dieser windarmen Nächte falle ich an der Schelfkante in so steilwandige Täler, daß ich wieder einmal ein paar Liter des kostbaren Diesels einsetze, um mich auf längere Dünung zu motoren.

Die Faroküste sah ich 1952 zum ersten Mal. Damals war die Gegend noch fast unverbaut und kam auf die Liste jener Orte in der Welt, zu denen ich später mit Muße reisen wollte. Als müßte das Schicksal mich beim Wort nehmen, arbeiten wir uns nun Meile für Meile nur an diesem schönen Fleckchen Erde entlang. Villamura, Portimao, Lagos und kein Ende. Die großen Urlauberjets sehen wir starten und landen. Gewiß ist der eine oder andere Vogel schon in Frankfurt, Düsseldorf oder Hamburg gewesen, während wir mühsam ein paar lächerliche Meilen weiterkreuzen. Mein Macker möchte mich aufheitern und schwärmt vom Südwest, mit dem wir an Lissabon vorbeijagen werden. Hat er noch nie vom portugiesischen Norder gehört? Als Vicente hinter uns liegt, segeln wir fast fünfzig Meilen in den Atlantik hinaus und finden auch dort keinen Schiebewind.

Für das lächerliche Stück Portugal bis auf die Höhe von Lissabon brauchen wir drei Tage, da sind wir seit Gibraltar schon eine Woche unterwegs. In Portugals Hauptstadt residiert mein Cousin seit vielen Jahren als Direktor einer Weltfirma. Sollten wir nicht Lisa und Wolfgang besuchen? Wenn wir nun das Schiff anbinden und im Herbst zu den Kanaren segeln? Wer zwingt uns eigentlich nach Cuxhaven? Und wann ist die Grenze des Zumutbaren erreicht; in zwei Wochen oder in drei? Große Geduld muß der Freund mit mir haben, weil ich ständig davon rede, daß mein Urlaub zu Ende ist. Natürlich will ich nicht ernsthaft fahnenflüchtig werden, das wäre den vielen an dem Unternehmen beteiligten Menschen gegenüber nicht fair. »Europa rund« hieß nun einmal das Projekt, und wo wir so weit schon gekommen sind, werden wir den Rest auch noch packen! Bloß das Schicksal umstimmen will ich mit meinem Gemecker, will die Götter animieren zu günstigerer Brise.

Weiter gegen leichte Winde. Wenn's richtig kacheln würde, ging's ja noch. Statt dessen sehen wir nun schon drei flaue Nächte lang den Lichtschein von Lissabon. Was wir am Tage erkämpfen, macht der Strom zwischen Abend und Morgen zunichte. Eingeschränkt manövrierfähig sind wir zu allem Überfluß mit nur noch einer Maschine, und Fischer machen uns das Leben schwer. Seltsam irrationale Manöver fahren die Jungs, ändern Kurs ganz unvermittelt, werden plötzlich richtig schnell, treiben dann für Stunden. Ich denke an die französischen Kutter am Westausgang des Kanals, an den dichten Verkehr in der Straße von Dover. Nacheinander versuchen wir uns noch einmal an der Steuerbordmaschine und sind mit unserem Latein am Ende. Wäre »Sicherheit geht vor« unser oberstes Gesetz, so hätten wir längst Hilfe annehmen müssen. Doch bisher stand nun mal »Cuxhaven nonstop« im Vordergrund. Die Entscheidung fällt dann nachts vor Figueira da Foz.

Zitat Tagebuch: »Während der Nacht nur mit Backbordmaschine ohne Wind stark behindert bei Ausweichmanövern. Fischer! – Laufen nach Porto – Reparatur Steuerbordmaschine.«

In Porto gibt es einen Trans-Ocean-Stützpunkt, den wir nach der Entscheidung sofort kontakten. Wir wollen keine Zeit verlieren, wollen wissen, ob eine Fachfirma am Ort ist. Die ganze Aktion soll möglichst vorher angeleiert werden. Bloß mit der Ankunft hapert's, und am Ende landen wir nach weiteren Gesprächen in Aveiro, vor dessen Einfahrt uns der Strom nach Süden trieb, weg von Porto. Doch der Entschluß zum Einlaufen erweist sich als Glückstreffer. Gleich bei der Mole schießt ein schnelles offenes Boot heran, dessen fast nackter braungebrannter Schipper uns die Örtlichkeiten erklärt. Wir besitzen keine Spezialkarte, fragen deshalb nach Polizeibehörden und einer Werft. Kurzes Hin und Her, da ist Klein schon im Boot und entschwindet mit mehr als dreißig Knoten, während der Kat mit einer Maschine gegen den Strom weiterhumpelt.

Als mein Freund zurückkommt, hat er genaue Anweisung, wo die Polizei ist und wo wir ankern sollen für die Einklarierung. Als die Kette ins Wasser rasselt, sind die Behörden schon da, behandeln uns korrekt und effektiv. Es macht Eindruck, daß wir direkt von Istanbul kommen, und die Notlage mit der defekten Maschine weckt Hilfsbereitschaft. Ich darf mitfahren zum Büro; man ruft mir ein Taxi. Freitag nachmittag ist es! Fünfzehn Minuten, bevor die Bank schließt, habe ich sehr viel Dollars und Mark und Schecks gewechselt, weil die Reparaturrechnung nur ungefähr abzuschätzen ist. Bloß der örtliche Vertreter der Herstellerfirma ist dann ein böser Reinfall. Unfähig, dick und dumm erscheint mir der blöde Kerl, der mir sofort unsympathisch ist, weil er seine schöne Frau behandelt wie den letzten Dreck.

Großes Lob sei schließlich aller Welt verkündet. Die freundlichen Polizisten von Aveiro werden zu unentbehrlichen Helfern. Beim Verholen vom Ankerplatz an einen »reparaturfreundlichen« Anleger bekomme ich den entscheidenden Tip. Der Freund eines Freundes wird besorgt, der Mechaniker ist und sich mit Maschinen auskennt. Zur Hölle mit dem eitlen Nichtskönner von der offiziellen Fachvertretung. Mein Schwarzarbeiter ist mit seiner Zielstrebigkeit und Kompetenz ein echter Glücksfall. Der auf den ersten Blick etwas exotisch wirkende Bursche erscheint mit Frau und halbwüchsigem Sohn. Er sieht ein wenig aus wie ein mexikanischer Mestize, trägt einen Lederhut und ein großes Amulett am Band. Der aufgeklappte Werkzeugkoffer überzeugt und mehr noch die ruhige Befragung des Kunden nach den bisher getroffenen Maßnahmen zwecks Diagnose. Der Mechanismus im Anlasser ist defekt, soweit stimmen wir überein. Im Nu ist das Ding ausgebaut und für den Transport in die Werkstatt sorgfältig in ein großes Tuch verpackt. Mein Vertrauen wächst beim Zusehen. Ich mag Monteure, die mein Eigentum pfleglich behandeln und die Bolzen, Muttern und Scheiben so beiseite legen, daß man sie beim Zusammenbau wiederfindet.

Die Verständigung läuft über den nur drei Worte Englisch sprechenden Sohn. Dennoch habe ich mich schon lange nicht mehr mit einem fremden Menschen so gut verstanden. Nach einer Stunde ist mein Anlasser aus der Werkstatt zurück und nach weiteren zehn Minuten eingebaut. Ruhig und gleichmäßig läuft der Steuerborddiesel. Ich zahle gern und gebe noch ein ordentliches Trinkgeld dazu.

Es ist immer noch Freitag. Den Fehler von Istanbul, an diesem Wochentag auszulaufen, werden wir natürlich nicht wiederholen. Zuviel Flaute von vorn, Starkwind gegenan, ein Hai zu Besuch sowie ein Sturz ins Wasser waren das Ergebnis. Mein Kümoschipper wußte schon, weshalb er freitags liegenblieb. Also beschließen auch wir, erst nach Mitternacht auszulaufen. Meine Polizisten haben deshalb Gelegenheit zu einer weiteren guten Tat. Sie rufen den einzigen Taxifahrer der ganzen Gegend herbei, der Englisch spricht. Der Mann fährt mit Klein zum Supermarkt, hilft beim Einkaufen von Obst und Frischgemüse, beim Kanisterfüllen an der Tankstelle. Wir tauschen Visitenkarten und versprechen zu schreiben.

Als Lehre von Aveiro sei weitergegeben, was ich auf meinen vielen Reisen durch die ganze Welt schon lernte: Stell dich gut mit der örtlichen Polizei. Mach dir die Verbindungen, auch das Funknetz des lokalen Personentransportgewerbes zunutze. Drittens sind da noch die Damen vom ältesten Gewerbe der Welt, mit deren Unterstützung ich allzeit gut gefahren bin.

Wir verlassen Portugal zufrieden, als Samstag im Kalender steht. Die Kraft zweier funktionierender Diesel schiebt uns um die Mole in den Atlantik hinaus. Ost null bis eins zum Eingewöhnen für die ersten Meilen noch, dann kommt Wind von vier und fünf Beaufort.

»Kreuzen nach Norden.« Die Tagebucheintragung liest sich sogar Monate später noch direkt optimistisch und fröhlich. Was macht es, daß der Wind aus der verkehrten Richtung kommt? Wenn die Brise bloß durchhält, wollen wir schon zufrieden sein. Nichts war schrecklicher als die viele Flautenschipperei der letzten Wochen. Und es geht weiter, als sei der Freitagsfluch von Istanbul vergessen. Die bösen Geister im Kielwasser ließen wir in Aveiro zurück, aber um ganz sicherzugehen, segele ich extrem dicht vor dem Steven eines großen Frachters vorüber. Klein und ich sind beide lange in Ostasien gefahren und lernten die Methode von den Schippern der chinesischen Dschunken, die uns nachts unbeleuchtet und hundertfach ins Schwitzen brachten, wenn wir in der Formosastraße unterwegs waren oder den Jangtse ansteuerten. Die gelben Berufskollegen glauben nämlich, daß so ein dicht hinter dem Heck vorbeifahrendes großes Schiff den Schwarm der böswilligen Meeresgeister abschneidet. Seeleute aller Couleur sind nun mal abergläubisch.

Cuxhaven, wir kommen!

Sposmoker läuft jetzt, kreuzt nach Norden, bekommt sogar mal West drei für kurze Zeit, segelt unter Groß und Fock. Kap Finistere hätte ich meinem Macker gern bei Tageslicht gegönnt. Wir beide haben diese Ecke unzählige Male passiert. Zwei Tage nach Aveiro wischt nachts das starke Feuer in sieben Seemeilen Abstand übers Meer. Bei Sonnenaufgang verschwinden die Berge Spaniens an Steuerbord achteraus. Wollte irgend jemand an Bord in grauer Vorzeit einmal in Lissabon aufgeben? Cuxhaven, wir kommen!

In der Biskaya hat uns das Wetter schon öfter mal bis zum Hals gestanden. Ich besitze Aufnahmen, wo von einem normalen Frachter nur noch Windhutzen aus der orkangepeitschten See herausragen. Hier verlor ich eine Decksladung Kork. Hier hat Klein mit einer ganzen Besatzung laschend beigedreht. Als habe die Biskaya etwas gutzumachen, bekommen wir einen herrlichen Anliegerkurs geschenkt. Mit halbem Wind um die vier Beaufort segeln wir bei strahlender Sonne. Eine norwegische und eine englische Yacht auf Gegenkurs schieben gewaltig Lage, haben's ungemütlich an Bord. Der Kat rauscht endlich mal wieder mit Traumspeed gen England. Schippern macht Spaß. Wir essen Weintrauben, braten Bananen mit Speck umwickelt und mit Curry gewürzt. Swetlana mochte die so gern und Sascha auch. »Hättest mitkommen sollen, Sweta. Würdest jetzt Bikini tragen.« Als wollte das Schicksal uns endgültig beweisen, daß die Pechsträhne vorbei ist, erfahre ich über Funk, daß der Veranstalter meines Vortrags einen Ersatzreferenten fand und auf die Konventionalstrafe verzichtet. Vorsichtig, sehr vorsichtig nur berechnen wir die Ankunft in Deutschland.

Abwechslung gehört zu den Reizen der Segelei. Im Westausgang des Englischen Kanals sorgt ein Gewittertief für das Ende der Biskayarekordüberquerung. Zukkende Blitze und strömender Regen wie dereinst im Schwarzen Meer. Schnelles Aufbrisen auf neun in Böen, nachdem eine hohe Dünung aus Ost den Schiet schon ankündigte. Steile Brecher – Ölzeugwetter. Mit drei Reffs im Groß und der Sturmfock kämpft das brave Schiff mühsam gegenan. Ich mache mir Vorwürfe, daß man so nicht segelt. Mit unglaublicher Wucht knallt der Luvrumpf in die Seen. Zuweilen schüttelt sich das Rigg so sehr, daß man jeden Moment um den Mast fürchten muß. Ein einzelner Schlag von unbeschreiblicher Gewalt bringt mich dann endlich zur Vernunft. Wir drehen bei. Als abends der Sturm nur geringfügig abzuflauen scheint, versuche ich noch einmal drei Stunden lang, jeden Brecher auszusteuern, gegenanzugehen. Dann legen wir uns für die Nacht mit drei Reffs im Groß mit dem Kopf auf die See. Ruhiger liegt *Sposmoker* zwar quer zum Sturm treibend, aber ich will nicht zuviel Ost opfern und wähle deshalb die zweitbeste Methode. Das Schiff klettert dann ganz langsam über die Brecher und macht sogar noch etwas Weg nach Luv gut dabei. Dieses erfolgreiche Vorgehen versetzt uns auch auf der dritten Extremreise immer wieder in größtes Erstaunen.

In der Heimat kündigen sich große Ereignisse an. Über Funk erfahre ich von einem gewaltigen Interesse der Medien. Tag und Stunde des Einlaufens soll ich nennen. Mehrere Fernsehteams und Hörfunksender wollen zur Begrüßung nach Cuxhaven kommen. Ein wenig gelernt habe ich im Laufe der Jahre während vergleichbarer aufsehenerregender Einlaufzeremonien. Es gilt, sich auf »Effakus« vorzubereiten, »frequently asked questions«, wie ich die immer wiederkehrenden Fragen der Reporter nenne. Daten- und Faktensammeln ist angesagt. Ein paar Gags muß man sich vorab überlegen, denn Humor, unverkrampft vorgetragen, kommt immer an.

Ein paar hundert Meilen sind wir noch von der Elbe entfernt. Mit einem Blick auf die Karte Europas bilanzieren Klein und ich.

»Das ist unsere Route? Fast bis zum Ural? Und dann von Istanbul in einem Rutsch?«

Ich kann diese geographische Dimension fast nicht glauben. Die Gedanken wandern nach Karelien, zum Weißen See, zur Balakowo-Schleuse. Fast wären wir nicht wieder rausgekommen.

»Wissen Sie noch, Herr Klein? Der viele Ärger in Jalta?«

Da passiert uns durch Zufall ganz nahe ein früheres DDR-Schiff, das man nach China verkaufte.

»Wissen Sie noch, Herr Klein?«

Auch der Unrechtsstaat, die Gänsefüßchen, das Terrorregime sind bloß noch Erinnerung. Ein Blick hinüber zu dem schrottreifen Kasten, und ich erzähle meinem Macker, wie ich einmal mit diesem Dampfer oder einem Schwesterschiff ein paar Tage ankerte.

Damals, zu Beginn meiner Lotsentätigkeit, war ich, was mein Verhältnis zu den Brüdern und Schwestern im anderen Deutschland anging, noch im Zustand der Unschuld. Ich hatte mich für die »SBZ«, wie das Gebiet häufig genannt wurde, wenig interessiert. Wenn ich denen mit meinem Schiff mal im Ausland begegnete, ließ ich die Flagge dippen und wunderte mich, wenn man nicht antwortete. Mit keiner anderen Nation auf der ganzen Welt passierte so etwas. Hier nun, in der Messe des betreffenden Schiffes, widerfuhr mir plötzlich eine Erkenntnis, die ich in der Folge noch häufig verwünschte. Gegen meinen Willen war mir klargeworden, daß diese Landsleute im Ernstfall auf mich schießen würden. Ich erinnerte mich auch Jahre später noch an ein Wegducken bei dem Gedanken, genau wie es Boxer bei einem gezielten Schlag zu tun pflegen. Ich saß mit gefüllter Gabel auf halber Höhe vor nicht geöffnetem Mund und hatte das blanke Entsetzen im Kopf. Das durfte doch nicht sein. Es war jedoch ganz simpel und nicht von der Hand zu weisen. Selbstverständlich würden sie schießen, sollte es zum großen Konflikt kommen. Und die freundliche Stewardeß würde vielleicht Krankenschwester sein und mich pflegen, wenn ich verwundet in Gefangenschaft geriete. Warum sollten sie eigentlich nicht? An der Grenze schossen sie ja schließlich auch auf ihre eigenen Leute.

Später ertappte ich mich zuweilen, daß ich mir dieselbe Frage auch auf Schiffen anderer Nationen stellte. Es war nicht ein und dasselbe, und das Problem auf einem Franzosen, Polen, Chinesen oder Dänen theoretisch durchzuspielen, hatte nicht die gleiche Brisanz. Aber auch auf diese Nationen bezogen war es vorstellbar, dachte man die Sache mit genügend schrecklicher Fantasie zu Ende. Es sprach damals nichts dafür, und die politische Lage mußte jeden als Idioten erscheinen lassen, der über einen bewaffneten Konflikt mit Österreich zum Beispiel theoretisierte. Aber wenn durch plötzlich eintretende ganz besondere Umstände? Man würde die Männer zu den Waffen rufen und die Frauen in die Munitionsfabriken, und der freundliche Vermieter aus dem friedlichen Tal würde auf die netten Hamburger, Berliner oder Kölner knallen, die jahrelang seine Feriengäste gewesen waren. Es blieb zu wünschen, daß es niemals so weit kommen würde, aber am schrecklichsten war es, wenn ich die Sache auf die anderen Deutschen eingrenzte.

Klein sieht mich lange an und spricht dann von Jugoslawien, wo mein Alptraum schreckliche Realität geworden ist. Dann erinnern wir uns an die Kollision, die gar nicht weit von unserer augenblicklichen Position passierte. Ein Schiff mit Schwarz-Rot-Gold am Heck und ein Dampfer unter Spalterflagge rasten im dichten Nebel zusammen. Die beiden deutschen Kapitäne bedienten sich der englischen Sprache.

Die Ecken wurden jetzt noch vertrauter als die Kaps im Mittelmeer. Start Point, Bill of Portland ... Unter Groß und Fock und zuweilen vorm Blister marschiert *Sposmoker* in Richtung Dover. Nicht nur während der

Seefahrtszeit, sondern auch später und häufiger als Nordseelotse habe ich mich an dieser Küste bewegt. Jede Meile ist hier mit Erinnerungen gepflastert. Von Englands Westküste nach Heathrow zum Flugplatz reiste ich mit dem Bus, der Bahn oder Taxi, nachdem ich irgendeinen Kunden durch die Nordsee und den Flaschenhals bei Dover geleitet hatte. Wenn wir sturmbedingt in der Elbmündung nicht aussteigen können, dann treffen wir uns zuweilen halbdutzendweise in Brixham an der Torquay Bay. Ein ganz normaler Vorgang ist diese Mitnahme von Lotsen auf Schelde, Maas, Elbe oder Weser und im Winterhalbjahr an der Tagesordnung. Nur russische Kapitäne, die lange nicht im Westen waren, staunen zuweilen, daß ein deutscher Lotse von einem fremden Schiff in England an Land geht und wenige Stunden später schon in Hamburg landet. Kein Visum? Kein Stempel? Kein Advokat?

»No, captain. So kann ich vom Nordkap nach Sizilien reisen und werde überall nur durchgewunken.«

Nun sind auch andere Yachten unterwegs, steuern Kreuzkurse von Frankreich nach England oder umgekehrt, zwingen uns nachts zu verschärftem Ausguck. Strom zu sparen, indem man ohne Lampen segelt, muß den Leuten irgendwie Spaß machen. In der heutigen Zeit kann's an den Batteriekapazitäten doch eigentlich nicht liegen. Wir zwei Kapitäne halten uns ans Gesetz, knipsen die Lichter an, wenn die Sonne untergeht, geben Signale, wenn sich die Sicht verschlechtert, leuchten die Segel an, wenn ein Berufsschiff zu nahe kommt. Nabtower schreibe ich ins Tagebuch, und mein Freund guckt sehnsüchtig hinüber. Southampton war für seine Containerriesen der letzte europäische Hafen oder der erste Port nach langer Überfahrt. Nabtower, und da hinten liegt der Solent, und die Deutschen haben den Admirals

Cup gewonnen. In dieser Gegend segelt man im Urlaub und reicht die Reise zur Bewertung ein beim Fahrtenwettbewerb. Haben wir tatsächlich schon über achttausend Meilen auf der Logge?

Brighton und Royal Sovereign, Hastings und Dungeness. Die Kreidefelsen von Dover sind morgens um vier durch Flutlicht vom Hafen her so angestrahlt, daß sie einem Kunstwerk gleich über dem dunklen Wasser zu schweben scheinen. Ganz gefangen von dem Bild schwärme ich von Naturschönheiten und Christo, dem Verpackungskünstler. Bei Dover-Port-Control kommt ein neuer Funker auf Wache und redet mit schottischem Akzent. Ob der Mann wohl im Kilt zur Arbeit geht? Ein Konvoi holländischer Yachten meldet sich an, beabsichtigt, die Hauptschiffahrtstraße im rechten Winkel zu queren. Die segeln auch nicht mehr in Holzpantinen, wie ich's während meiner ersten Jahre nur erlebte. *Sposmoker* hält sich nördlich der Southwestlane und jagt an East Goodwin vorbei.

»Mit Nord sechs begrüßt uns der blanke Hans. Häufiges Ein- und Ausreffen bei Northfalls und Galloper.«

Ein Glück nur, daß wir zu Anfang etwas im Westen blieben, auf der englischen Seite, wie wir's nennen. Am Tag nach Dover geht's noch mal zur Sache.

Diverse Wetterberichte höre ich jetzt; der Äther ist ja voll davon. Alle Meteorologen prophezeien Wind für den Nachmittag, während wir zunächst bei Nordwest drei und Sonnenschein den sonnigen Morgen genießen. Ganz viele Kameraden sind von England zum Festland unterwegs oder umgekehrt. Ein allgemeines Gewinke ist jetzt an der Tagesordnung. Berufsschiffahrt begegnet uns dagegen kaum, was meinen Macker in höchstes Erstaunen versetzt. Er verkehrte hier ja nur auf den vielfrequentierten Routen und hat sich die Nordsee abseits der

Straßen gewiß nicht so leer vorgestellt. Fördertürme für Öl und Gas aber gibt es hier jede Menge, und Tonnen, die Bohrköpfe bezeichnen, sichten wir zuhauf. Während unserer frühen Jahre waren hier zu bestimmten Jahreszeiten Tausende von Kuttern und Loggern am Fischen, und das Lichtermeer auf der Doggerbank strahlte heller als manch mittlere Stadt. Wir erzählen uns was von alten Zeiten und denken insgeheim an den bevorstehenden Abschied. Was den Kurs angeht, ist Höhehalten angesagt, denn nun wird überall vor Sturm gewarnt. In Intervallen von zwei und drei Stunden kommt ein weiteres Reff ins Groß, und zwischen Texel-Feuerschiff und Terschelling Bank kachelt's mit acht und in Böen neun. Nur unter Fock hält das unvergleichliche Boot Höhe, wo so manche Yacht längst beiliegen müßte, jetzt in schlimmer Legerwallsituation wäre.

Sposmoker jagt dahin, daß man's filmen möchte. Kriegen wir zum Abschied noch mal einen eingeschenkt? Muß das sein? Hätten wir jetzt nicht in Ruhe nach Hause blistern können? Vielleicht sind Schlafmangel und Erschöpfung der Grund für unsere Meckerei. Steuern ist Schwerarbeit; wer abgelöst hat, kann bei diesem Wind die Pinne nicht mehr loslassen. Ein wirklich in allen Lebenslagen funktionierendes Selbststeuer müßte man besitzen. Seit Istanbul von Hand gesteuert! Beim nächsten Mal nehmen wir für alle Fälle ein zweites Gerät mit auf die Reise. Wenn ich im Halbschlaf nur dösend an den Freund draußen denke, wühle ich mich aus den Decken und frage kurz aus dem Luk, ob er etwas braucht. Klein ist ernst bei der Arbeit, starrt konzentriert auf den wild pendelnden Kompaß, versucht nach Sternen zu steuern. Ich friere während der Hundewache, sehe den Schein starker Leuchtfeuer an der südlichen Kimm und denke an die warme Luft der Ägäis, als wir vor ähnlichem Starkwind nach Süden jagten. Mensch, Gerd, die Dardanellen! Nur mit einem Kat sind solche Reisen möglich. Ein vergleichbarer Monohull hätte die Kräfte zweier alter Männer überfordert bei diesem unter Zeitdruck scharf gesegelten Törn. Weiter geht's mit Schmackes gen Helgoland und *Elbe I*.

Vor knapp drei Monaten startete ich von Cuxhaven nach Helgoland und zur Regatta rund Skagen nach Kiel. Ausgerüstet wurde in Stickenhörn und nach St. Petersburg ging's nonstop. »Europa rund« ist beendet. Fünfzehn Jahre Arbeit und Hoffen und Bangen. Ein eiserner Vorhang, ein kalter Krieg, der Zusammenbruch einer Weltmacht! Die spontane Idee eines einzelnen Seglers.

Ich glaube an das fundamentale Recht aller Menschen, ungehindert mit dem Verkehrsmittel ihrer Wahl an jeden Ort des Globus reisen zu dürfen.

212

IV Die Wasserwege Rußlands –
Fakten und Tips
für Berufs- und Sportschiffer

Der Wasserweg vom Finnischen Meerbusen und Weißen Meer ins Kaspische und Asowsche Meer ist eine
der wichtigsten Verkehrsadern Rußlands. In der schiffbaren Zeit, etwa von März bis November, wird über
diese Verbindung ein hohes Transportaufkommen bewältigt. Eine längere Unterbrechung während der
Sommermonate würde die russische Wirtschaft empfindlich treffen. Für den Fall, daß sich das Land für
ausländische Investoren weiter öffnet, daß geeignete
Rahmenbedingungen geschaffen werden und Im- und
Export sich beleben, wird die Route auch für die Europäische Gemeinschaft von größtem Interesse sein. Man
denke nur an die Industriezentren im Südwesten eines
geeinten Europas und die Route von der Donau über
das Schwarze Meer in Richtung Donbecken, Saratow
und Gorki. Man denke auch an die bereits häufig fre-
quentierte Verbindung von den Nordseehäfen über St.
Petersburg in Richtung Rybinsk und Moskau.

Die von Fachleuten erwarteten Steigerungsraten der
landseitigen Ostwestverkehre werden, diese Aussage
gilt generell auch in Westeuropa, das Transportmittel
Schiff immer attraktiver werden lassen. So können
selbstverständlich auch die innerrussischen Routen
nicht auf Dauer abgeschottet bleiben. Entscheidungsträger im Westen werden zwangsläufig nicht hinneh-
men können, daß russische Fluß-See-Schiffe auf westlichen Märkten wildern und gleichzeitig die Regierung

in Moskau alle ausländischen Flaggen verbietet. Die Politik ist gefragt, bürokratische Hemmnisse sind abzubauen.

Durch die witterungsbedingte Pause, etwa vier Monate lang, sind die Flüsse und Kanäle wegen Eis nicht schiffbar, staut sich der Verkehr in der Reisezeit. Aufgelaufene Waren müssen zusätzlich zum normalen Output abgefahren werden, es sind andererseits Grundstoffe für die weiterlaufende Produktion zu transportieren: Holz, Kohle, Öle, Erze. 1994 herrschte während unserer Passage lebhafter Verkehr trotz der zur Zeit beobachteten wirtschaftlichen Flaute. Viele Fabriken arbeiteten offenkundig überhaupt nicht oder nur gedrosselt. Die Vermutung liegt nahe, daß die augenblicklichen Kapazitäten der Wasserstraßen, und dort vor allem die Schleusen, in Boomzeiten nicht ausreichen. Während der Vorbereitungsphase des Törns, das heißt vor etwa fünfzehn Jahren, wurde von meinen russischen Freunden immer wieder über Hektik, Wartezeiten und extrem starken Verkehr berichtet. Soweit zur *Berufsschiffahrt*.

Ein Blick auf die Karte von Europa genügt, und die Bedeutung der Wasserstraße für die *Sportschiffahrt* ist mit Händen zu greifen. Da ist zum einen, wenn es um gezielte Überführungen geht, der kurze Weg vom östlichen Mittelmeer zur Ostsee oder umgekehrt. Finnische und schwedische, aber auch deutsche Yachten, die nach Griechenland oder in die Türkei wollen, fänden hier eine schnelle und, im Vergleich zum langen Weg durch die Nordsee und den Atlantik, auch eine gefahrlose und weitgehend wetterunabhängige Route. Ich denke an saisonale Wechsel vom skandinavischen Sommer zu den milderen Wintern des südlichen beziehungsweise afrikanischen Mittelmeeres. Für ein normal motorisiertes

Schiff, das sich unterwegs nicht lange aufhält, beträgt die geschätzte Überführungs- beziehungsweise Reisezeit immerhin nur drei Wochen.

Aber auch für die große Gruppe der gammelsegelnden Bootstouristen wäre eine baldige Öffnung der Verbindung wünschenswert. Sowohl über Rhein, Main, Donau, Don und untere Wolga wie auch über Newa, Swir und Wolga-Baltischen-Kanal gäbe es landschaftlich reizvolle Ziele anzusteuern. Ladoga- und Onegasee im Norden und die großen Stauseen der Wolga werden eines Tages, wenn die äußeren Umstände sich normalisiert haben, Feriengebiete für Bootstouristen abgeben, deren Erholungswert nicht hoch genug einzuschätzen ist. Begegnungen mit gastfreundlichen und warmherzigen Menschen und eine weitgehend intakte Natur sind garantiert. Dem geschichtlich interessierten Yachtie müssen bedeutsame historische Stätten wie Perlen an einer Schnur erscheinen. Kunstschätze, Kirchen, Klöster, Kreml und Kathedralen gäbe es anzusteuern, für die ein einziger Sommer bei weitem nicht reicht.

»Der Verkehr auf den innerrussischen Wasserwegen ist Fahrzeugen unter ausländischer Flagge nicht erlaubt.« Mit diesem Satz ist das geltende Recht umschrieben. Es ist gleichzeitig aber auch jedermann aufgerufen, im Sinne von Freizügigkeit, Völkerverständigung und vertrauensbildenden Maßnahmen für eine Änderung einzutreten, denn die äußeren Umstände rechtfertigen die Abschottung aus der Zeit des kalten Krieges nicht mehr. Geschildert seien deshalb Punkt für Punkt die *nautischen Gegebenheiten* für die an einer Passage interessierten Sportschiffer.

Beginnen wir mit Befeuerung und Betonnung. Herr Klein und ich haben alle großen Ströme dieser Erde und alle wichtigen Kanäle zum Teil mehrfach befahren. Und wir können versichern, daß die Kennzeichnung der russischen Wasserwege durchaus im Vergleich mit den hohen Standards westlicher Industrieländer bestehen kann. Die Befeuerung ist logisch aufgebaut und dem Berufsseemann begeisternd »dicht«. Das extreme Sicherheitsdenken russischer Entscheidungsträger, die Unfälle weitgehend ausschließen wollen, hat für eine quasi idiotensichere enge Kennzeichnung gesorgt. Richtfeuerlinien sind so zahlreich eingerichtet, daß man die Fahrwassermitte auch bei verminderter Sicht sowohl voraus als auch achteraus peilen kann. Die meist starken Feuer brennen nach einem mir nicht bekannten Schema, sowohl weiß als auch rot oder grün. Die Feuerträger beziehungsweise die Richtbaken sind ebenfalls deutlich sichtbar angebracht, stehen in den Waldgebieten immer auf einer freigeschlagenen Lichtung, werden im mittleren und südlichen Bereich offensichtlich ständig von Buschwerk freigehalten. Während der Tagfahrten sorgen auffällige, meist weiße Anstriche, die sich von der Umgebung kontrastreich abheben, für frühzeitiges Erkennen. Es gibt viereckige, auch ovale, hölzerne Lattengerüste; Rhomben wurden ebenfalls gesichtet. Erloschene Feuer sind auf der gesamten Strecke nicht vorgekommen.

Die Betonnung muß des Eisgangs wegen jeweils im Frühjahr und Herbst ausgelegt beziehungsweise eingesammelt werden. Diese Notwendigkeit sorgt ohnehin für eine regelmäßige Kontrolle (Erneuerung der Anstriche). Das System der Betonnung wechselt häufig und entspricht selten der internationalen Norm, ist aber generell sofort logisch nachvollziehbar. Es liegen also auf Teilstrecken rote und grüne Tonnen am Fahrwasserrand; es sind aber auch andere Farben, weiß und schwarz etwa, auch Streifen beobachtet worden. Es gab über lange Abschnitte, nicht nur auf den Stauseen, sondern auch auf den breiteren Teilen der Wasserstraßen, Mittelbetonnung. Ecken beziehungsweise Kursänderungspunkte sind häufig mit einer Leuchttonne und einer zusätzlichen daneben für bessere Radarerkennung belegt. Alle Untiefen sind gut bezeichnet, Gefahrenstellen extra markiert und auch durch Schilder an Land vorher angekündigt. Gelegentlich wurden in engen Flußabschnitten Stackenbezeichnungen registriert. Für Ankerverbote und alle möglichen Gebote gibt es große auffällige Schilder an Land. Erloschene Tonnen haben wir auf immerhin viertausend Kilometern auf keinen Fall mehr als ein halbes Dutzend mal bemerkt. Insgesamt macht die Kennzeichnung der Hauptverkehrsstraße für die Berufsschiffahrt den Eindruck, daß nur ausgemachte Narren hier noch etwas verkehrt machen könnten.

Es möge niemand auf die Idee kommen, Karten seien überflüssig. Es handelt sich eben nicht um reine Fluß- und Kanalfahrten, und es ist nicht so, daß jemand, der sich von St. Petersburg an immer am rechten Ufer hält, irgendwann in Rostow wieder herauskommt. Ohne nautische Unterlagen wird so eine Reise zum tollkühnen Abenteuer. Ein umfangreiches, selbstverständlich auf die Bedürfnisse der Berufsschiffer abgestimmtes Kartenwerk existiert. In den Karten verzeichnete Feuer, Tonnen, Tiefen und Kurse machen die Navigation auf den Hauptstraßen zum Kinderspiel. Detaillierte Angaben über Brücken, Schleusen, Häfen, Baustellen, Hochspannungsleitungen und dergleichen mehr sind äußerst hilfreich.

Den Sportschiffer interessieren die riesigen Wasserflächen eher am Rande. Auch hier geben die Karten sehr genaue Auskunft. Während unserer vielen Kursabweichungen in Nebenfahrwasser, Buchten oder hinter Inseln wurden selten Mindertiefen registriert. Das von uns benutzte Material war teilweise veraltet, und Abweichungen sind gewiß nur diesem Zustand zuzuschreiben. Generell scheint die Verwaltung ihren Kram in Ordnung zu haben; Vermessungs- und Peilfahrzeuge wurden bei der Arbeit beobachtet.

Das erwähnte Kartenwerk ist zur Zeit leider nur für den offiziellen Gebrauch bestimmt, gilt eigentlich als geheim und hätte strenggenommen nicht in unserem Besitz sein dürfen. Weite Teile der Bevölkerung scheinen solche Bestimmungen, wie auch andere Gesetze und Verordnungen aus früherer Zeit, als gestrigen Unsinn zu betrachten, der zu ignorieren ist. Die Karten werden deshalb schwarz gehandelt. Mir ist auch von in England angefertigten Kopien berichtet worden.

Zusätzlich zu diesen Karten existieren für die großen Seen spezielle Seekarten, selbstverständlich mit kyrillischer Beschriftung. Aus solchen Unterlagen wären auch wichtige Koordinaten für die GPS-Navigation zu entnehmen, die uns nicht zur Verfügung standen. Wir benutzten GPS dennoch zur Geschwindigkeitsmessung und zur Kurskontrolle. Deutlich gemacht sei noch einmal, daß eine Reise auf blauen Dunst in einer Katastrophe enden müßte. Viele Nebenfahrwasser und hinter Inseln verschwenkte Hauptfahrwasser würden für Verwirrung sorgen, zumal nicht immer nur nach Süden sondern auch mal nach Norden, Osten oder Westen zu steuern ist.

Es existieren berufsmäßige Lotsendienste, die von russischen Schiffen zuweilen in Anspruch genommen werden. Nach welchen Kriterien dies geschieht, gefährliche Ladung oder Sicherheitsbedürfnis des jeweiligen Kapitäns, wurde nicht geklärt. Selbstverständlich kosten offizielle Lotsen Geld, und gewiß sind diese Begleiter jedem zu empfehlen, der die Strecke schnell in Tag- und Nachtfahrt hinter sich bringen will. Einem Sportschiffer würde das zum einen Sicherheit, zum anderen aber schnelle Abfertigung bei den Schleusen gewährleisten.

Für den mit viel Zeit bummelnden Yachtie, der generell nachts zu ankern beabsichtigt, empfehlen sich jobbende russische Segler, die über Trans-Ocean St. Petersburg arrangiert werden können. Der uns begleitende Alexander Pavlow erwies sich als zuverlässig, wenn es um Navigation ging, er wurde unverzichtbar bei allen Kontakten mit Behörden und der Besorgung von Diesel und Wasser. Die Decksarbeit beim An- und Ablegen, wie die Seemannschaft generell, verbesserte sich im Verlauf der Reise. Wer nicht oder nur schlecht russisch spricht, kann auf einheimische Begleitung nicht verzichten.

Das »Maritimsprech« mit den Schleusen sollte auf Anhieb verstanden werden, genauso die UKW-Kontakte mit der übrigen Schiffahrt. Auch muß ja schließlich irgend jemand perfekt kyrillisch lesen können. Man stelle sich einen Chinesen vor, der unsere Schrift nicht entziffert, unsere Sprache nicht spricht und mit einem Boot auf Rhein oder Mosel unterwegs sein will, ohne die Binnenschiffahrtsordnung zu kennen. Man möge sich die Fülle der Verstöße während so einer Reise selber ausmalen!

Die Kapitäne und Wachoffiziere auf den zum Teil beachtlich großen Einheiten sind es selbstverständlich nicht gewohnt, mit Yachties zu kooperieren. Es sei in diesem Zusammenhang daran erinnert, daß Herr Klein und ich uns häufig in die fünfziger und sechziger Jahre versetzt fühlten. Auch auf westlichen Revieren war damals eine große Anzahl von Bootstouristen zu bewältigen, und beide Lager, die Berufsschiffahrt ebenso wie die Sportschiffahrt, mußten mühsam lernen, miteinander auszukommen. Heute ist das Verhältnis generell unverkrampft, und eine ähnliche Entwicklung ist selbstverständlich auch in Rußland denkbar. Trotz der zur Zeit herrschenden Wirtschaftsflaute beobachteten wir, wie erwähnt, regen durchgehenden Verkehr der Typen Baltiski, Ladoga, Sibirski, Sormovski, Volgoneft, Nefteruodevos, Wolgobalt. Viele große Kreuzfahrer sind oft nachts unterwegs, weil die Passagiere tagsüber Besichtigungen machen. Es war generell so, daß begegnende Fahrzeuge die gewünschte Passierseite durch ein helles Funkellicht in der Brückennock anzeigten. Weil wir nicht entsprechend ausgerüstet waren, antworteten wir durch Winken mit einer weißen Flagge am Stock, dem offiziellen Tagsignal. In seltenen Fällen, bei Engstellen etwa, wurden Überhol- und Begegnungsmanöver auf UKW abgesprochen. Auf bestimmten engen Fluß- und Kanalstrecken wurden die zusätzlich zu Frachtern, Passagierdampfern, Schub- und Schleppverbänden verkehrenden Bagger, Schuten und Peil- und Inspektionsfahrzeuge zu einem zusätzlichen Problem. Auch Seil- und Kettenfähren sorgten für Würze. Freifahrende Fähren verkehren in großer Zahl im Bereich der Fähranleger großer Städte. Reger Querverkehr aber auch von Fahrzeugen, die eine Bugklappe einfach in den Strand senken. Dazu kommt Passagierverkehr von Hunderten von Tragflügelbooten, auf deren Kurse und Manöver wir uns wegen ihrer hohen Geschwindigkeit selten einstellten.

Wann immer möglich, nahmen wir Rücksicht auf die Belange der dicken Pötte, verlangsamten die Fahrt, um Überholvorgänge abzukürzen, gingen beiseite an den

Wartepiers, ließen anderen bei Brückendurchfahrten den Vortritt. Weil unser Mast gelegt war, waren wir an keiner Stelle auf die Öffnung einer Brücke angewiesen. Die niedrigste Durchfahrt passierten wir mit angezeigten drei Meter neunzig bei Rostow. Im wesentlichen wurden Höhen von zirka dreizehn Metern, in der nächsten Stufe von zirka sechzehn Metern und bei modernen Bauwerken bei neunzehn Metern beobachtet. Die vielen Hochspannungsleitungen schienen generell mehr als zwanzig Meter zu erlauben. Wären wir auf Brückenöffnungen angewiesen gewesen, so hätte es analog zu den Regelungen in den Schleusen zwei Möglichkeiten gegeben: die offizielle Passage als niedrigste Kategorie Berufsschiff oder das Durchrutschen mit einem Frachter. Sämtliche Brücken sind mit Tafeln und vielen Lichtsignalen eindeutig gekennzeichnet. Wer nur ein wenig die Augen offenhält, wird, außer bei dichtem Nebel, nicht zwischen den verkehrten Pfeilern passieren.

Mit Behinderungen durch Nebel im Frühjahr und Herbst, besonders auch in den Morgenstunden muß gerechnet werden. Im übrigen ist während der Hauptreisezeit kontinentales Hochdruckwetter zu erwarten, was für beständigen Sonnenschein sorgen wird. Während unserer Reise herrschten dagegen völlig ungewöhnliche Bedingungen. Zuweilen mußten richtige Sturmtage in Landschutz abgewartet werden. Während der ganzen Durchfahrt bis ins Schwarze Meer war es nie zu heiß, womit wir eigentlich gerechnet hatten. Auf dem Onegasee, immerhin Mitte Juni, wurde es zuweilen empfindlich kalt. Die häufigen Tiefdruckgebiete mit Regen und Gewitter – keine sommerlichen Hitzegewitter – waren untypisch, sind in anderen Jahren gewiß nicht zu erwarten.

Auch bei plötzlich einsetzendem Sturm mangelte es

nie an Möglichkeiten zum Unterkriechen. In der weitverzweigten Inselwelt, in den vielen Buchten und Nebenfahrwassern ist ein Ankerplatz jederzeit problemlos zu finden. Der Grund ist generell gut haltend; auch im starken Strom des Swir sind wir nicht vertrieben. Die maximale Strömung auf der Wolga wurde mit eineinhalb Knoten gemessen, auf der Newa sechs Knoten. Schwankungen sind jahreszeitlich bedingt (Schneeschmelze), haben auch mit der Auslastung der großen E-Werke zu tun.

Gewöhnungsbedürftig für westliche Schipper sind zur Zeit noch die Liegemöglichkeiten in den Städten, wo es für Yachten keine speziellen Einrichtungen gibt. Man muß aber wissen, daß russische Yachten generell ankern und man per Beiboot mit dem Land verkehrt. Diese Variante empfiehlt sich für diejenigen ausländischen Bootstouristen, die vor Neugierigen sicher sein wollen. Man wird sich einzustellen haben auf das Fehlen von Werkstätten. Reparaturen beziehungsweise Wartung der Maschinen sind zur Zeit auch Sache des Schippers. In Notfällen lassen sich aber mit Sicherheit Mechaniker auftreiben.

Auf allen Kanälen dieser Welt sind die Schleusen die neuralgischen Punkte. Die achtunddreißig Schleusen der Route durch Rußland machen da keine Ausnahme, schneiden aber im internationalen Vergleich gut ab. Die glatten Mauern sind aus großen Betonquadern errichtet und haben keine Fender. Eine ausreichende Anzahl von numerierten Schwimmpollern sind in die Wände eingelassen; die Zuordnung beziehungsweise Anweisung durch die zumeist weiblichen Schleusenmeister erfolgt auf UKW. Vereinzelt wurden »Haker« beobachtet. Wenn der betreffende Poller voher bekannt ist, wird der Dispatcher einen Hinweis geben. Das Personal ist im

222

allgemeinen sehr kooperativ, es herrscht eine freundliche Atmosphäre, ein lockerer Tonfall ist die Regel. Das Festmachen, eine einzige Leine mittschiffs, ist nicht schwierig, sofern nicht Schraubenwasser des vorausfahrenden Berufsschiffes stört. Die dicken Pötte laufen immer zuerst an, weil man Maschinenversager beim aufstoppenden Rückwärtsmanöver befürchtet. Beim Niveauausgleich, wenige Minuten für normalerweise zwölf bis vierzehn Meter, entstehen keine wilden Strömungen. Der Tiefgang wird durch die hangseitige Betonschwelle auf circa vier Meter begrenzt. Weil sich im Bereich der Anlagen eine Engstelle des sonst breiten Flusses beziehungsweise des Staudammes befindet, sind die Schleusen häufig mit Verkehrswegen überbaut. Wir sahen belebte Autostraßen, Eisenbahnzüge, Viehherden. Die langen Wartepiers gleichen den Mauern in den Kammern: keine Fender, Beton, Schwimmpoller. Helle Beleuchtung ist installiert, ebenso eine verkehrsregelnde Lichtsignalanlage und Lautsprecher. Teilweise sind die Anlagen öffentlich zugänglich; es wird geangelt, man verkauft Gemüse und frische Milch.

»Der Verkehr auf den innerrussischen Wasserwegen ist Fahrzeugen unter ausländischer Flagge nicht erlaubt.« Möge dieses Verbot in nicht allzu ferner Zukunft seine Bedeutung verloren haben.

Gerd Engel

in der Reihe
Ullstein maritim

Ullstein

Florida-Transfer

Geschichten von der
Seefahrt
UB 22015

Münchhausen im Ölzeug

Seemannsgarn – leicht
verkinkt
UB 22138

Einmal Nordsee linksherum

Tausend Meilen
Selbstgespräche
UB 22286

Sieben-Meere-Garn

Erzählungen von der See
UB 22524

Im Eis des Nordens

Mit dem Katamaran nach
Grönland und Spitzbergen
UB 23507

Weiße Nächte – Schwarzes Meer

Auf russischen
Wasserstraßen von
St. Petersburg bis Jalta
UB 23618